Pat Precin

Questões em psicanálise

Pat Precin

Questões em psicanálise

ScienciaScripts

Imprint

Any brand names and product names mentioned in this book are subject to trademark, brand or patent protection and are trademarks or registered trademarks of their respective holders. The use of brand names, product names, common names, trade names, product descriptions etc. even without a particular marking in this work is in no way to be construed to mean that such names may be regarded as unrestricted in respect of trademark and brand protection legislation and could thus be used by anyone.

Cover image: www.ingimage.com

This book is a translation from the original published under ISBN 978-3-659-84732-5.

Publisher:
Sciencia Scripts
is a trademark of
Dodo Books Indian Ocean Ltd. and OmniScriptum S.R.L publishing group

120 High Road, East Finchley, London, N2 9ED, United Kingdom
Str. Armeneasca 28/1, office 1, Chisinau MD-2012, Republic of Moldova, Europe
Printed at: see last page
ISBN: 978-620-8-30971-8

ÍNDICE DE CONTEÚDOS

Introdução

Este livro discute cinco questões em psicanálise. A primeira é se a ciberanálise é ou não uma forma viável de psicanálise. A segunda é a utilização da ressonância magnética funcional na investigação da vinculação, no estudo dos ataques de pânico e na quantificação dos resultados psicanalíticos. O terceiro é a questão de saber se a psicofarmacologia deve ou não ser utilizada durante a psicanálise. O quarto discute os riscos envolvidos para o paciente e para o seu tratamento que podem resultar do facto de o paciente ser objeto de uma publicação de investigação e se deve ou não obter o consentimento do paciente ao publicar material de casos. O quinto é uma aplicação da teoria psicanalítica ao Transtorno Dissociativo de Identidade. Estas são questões a que a maioria dos psicanalistas estará exposta em algum momento das suas práticas: teleterapia, investigação quantitativa, psicofarmacologia, publicação de material de casos e a aplicação da teoria psicanalítica à prática. As revisões de cada tópico provêm principalmente da literatura psicanalítica, mas também incluem literatura de outras profissões relacionadas com a saúde, material de casos do autor e a experiência do autor como psicanalista licenciado e investigador publicado.

Capítulo 1

Ciberanálise
Ciberanálise

Este capítulo discute a literatura sobre se a ciberanálise é ou não uma forma viável de psicanálise. A ciberanálise é um termo utilizado quando a psicanálise (ou a psicoterapia, como na ciberterapia) é conduzida, em parte ou totalmente, através de tecnologias à distância, como o computador para utilizar a transmissão de áudio e vídeo em tempo real (por exemplo, através do Skype), o correio eletrónico, um telefone inteligente para mensagens de texto ou, em alguns casos, um telefone fixo.

Segundo Brottman (2012), há muitos psicólogos que utilizam os avanços tecnológicos, como o correio eletrónico, o Skype (software informático gratuito que permite a comunicação entre, pelo menos, duas pessoas através da transmissão de vídeo em tempo real em todo o mundo) e as mensagens de texto para realizar terapia em linha (e-terapia) e ciber-sessões (teleanálise ou teleterapia) com os seus pacientes, em vez de ou para além da terapia presencial. No entanto, refere que poucos psicanalistas estão a utilizar estes métodos na sua prática, apesar de o tema ter sido e continuar a ser debatido em várias conferências. Embora a idade possa ser um fator na falta de comunicação online entre o analista e o paciente (Brottman salientou que a idade média dos psicanalistas nos EUA é de 65 anos [Friedman, Bucci, Christian, Drucker, & Garrison, 1998]), Brottman afirmou que existe um consenso geral entre os psicanalistas de que a comunicação online não tem nada a acrescentar à psicanálise.

Não só a ciberanálise pode não ter nada a acrescentar, como seria difícil imaginar que a tentativa de conduzir a psicanálise através de ciber-sessões não inibisse a ocorrência de elementos importantes da psicanálise ou os limitasse de alguma forma. Como ocorreria a regressão (Laszlo, Esterman, & Zabko, 1999; Childress, 1998; Suler, 1998; Polauf, 1998)? Como é que o psicanalista poderia criar um espaço seguro e consistente para a análise ter lugar? Como é que a falta da presença pessoal

do analista afectaria
a transferência e a contratransferência (Laszlo, Esterman,
& Zabko, 1999; Childress, 1998; Suler, 1998; Polauf, 1998)? O paciente ficaria
mais inibido, menos inibido, mais apto a mentir ou a apresentar-se de
forma tendenciosa
como muitas pessoas fazem nas redes sociais? Suler (2004) deu um
contributo para esta última questão ao explicar por que razão os indivíduos tendem a ser
mais
desinibidos em linha. Ele acreditava que o fórum online permitia que os indivíduos
minimizassem a autoridade, se tornassem invisíveis, disfarçassem a sua identidade,
usassem a sua imaginação de uma forma dissociativa, operassem num tempo diferente
(em vez do tempo real, tempo a-sincrónico) e implorassem a introjeção solipsista.

Uma pesquisa bibliográfica sobre a utilização da tecnologia informática na
condução da psicanálise levou este escritor ao interessante facto de que não só existem
psicanalistas que utilizam atualmente a Internet para conduzir a psicanálise, como
existem publicações que descrevem a sua teoria e prática ou estudos de casos em que a
Internet foi benéfica para tratar uma variedade de clientes psicanalíticos.

Revistas que publicam artigos sobre Teleterapia

Para além das revistas psicanalíticas normais, algumas das quais estão a começar
a publicar artigos que abordam a teleanálise (como a *Psychoanalytic Review),* existem
outras revistas que publicam apenas material que aborda a teleterapia: *Sociology of
Cyberspace, Cyberpsychology, e Cyberpsychology and Behavior.* **Órgãos envolvidos
no processo de teleterapia**

Existem também várias agências cujo objetivo é monitorizar a terapia em linha: o
Online Therapy Institute, a Association for Counseling and Therapy Online e a
International Society for Mental Health Online. Os co-fundadores do Online Therapy
Institute desenvolveram um gabinete de terapia em linha no jogo de rede social Second
Life, para que os jogadores possam receber terapia virtual no âmbito deste jogo da
Internet.

Literatura sobre Teleanálise

A literatura de livros e artigos de jornais revistos por pares será analisada a seguir para obter informações sobre a teleanálise.

Livros revistos por pares.

Carlino (2011) publicou recentemente um livro, *Tecnologia da comunicação na clínica: A teoria e a prática do uso da tecnologia da comunicação na clínica,* no qual descreve como a psicanálise e a subjetividade foram afetadas por certas transformações socioculturais como a tecnologia. Mais especificamente, o seu livro

aborda a teoria e a técnica da psicanálise à distância, a fusão entre a psicanálise e as tecnologias da comunicação, a psicanálise realizada por correio eletrónico e o direito privado e público relativo à prática da psicanálise através da Internet. Apresenta também casos clínicos que abordam as questões acima referidas.

À semelhança de Carlino, Scharrf (2013) editou um livro sobre o uso da tecnologia para conduzir a psicanálise, intitulado *Psychoanalysis online: Mental health, teletherapy, and training.* Seus autores discutem questões clínicas, éticas e legais relacionadas à teleterapia. Os tópicos incluem, entre outros, a discussão da transição de um paciente de uma psicoterapia presencial para sessões psicanalíticas por telefone, a utilização da Internet para formar psicanalistas, a supervisão psicanalítica realizada através da Internet, a experiência de quatro candidatos a psicanalistas com o processo das suas próprias teleanálises, a forma como uma sessão por Skype alterou uma análise presencial e a forma como a transferência e a contratransferência podem ser afectadas por contextos online.

Artigos de jornais revistos por pares.

Scharff (2013) também publicou um artigo com o objetivo de permitir que as pessoas julguem por si próprias se a psicanálise pode ou não ser e/ou deve ser realizada através da Internet. Ela citou literatura que argumenta contra a telepsicanálise com base na crença de que ela distorce o quadro e não fornece um processo psicanalítico. Apresentou também a literatura que apoia este método de psicanálise, que afirma que a teleterapia tem demonstrado permitir que os pacientes aumentem a frequência das suas sessões, continuem o tratamento em caso de mudança de residência em vez de o terminarem, e se envolvam no processo analítico mesmo que vivam em áreas remotas onde não há analistas disponíveis. Abordou questões éticas, contra-indicadores, indicadores, e apresentou vinhetas clínicas de casos de teleterapia.

Brottman (2012) publicou um estudo de caso de um indivíduo com quem se encontrou para uma análise presencial, durante a qual o paciente se mostrou inibido, rígido, tímido e teve dificuldade em associar-se livremente devido, em parte, aos seus receios de intimidade e vulnerabilidade após ter revelado material sexual embaraçoso e ao medo de perder o controlo. Passado pouco tempo, a paciente pediu terapia em linha, sob a forma de mensagens de correio eletrónico. Brottman concordou e relatou os seguintes resultados. Desde o início de 6

Nos e-mails da paciente, a paciente estava muito mais aberta e capaz de se expressar sob a forma de pensamentos e sentimentos. Era capaz de se associar livremente com uma gama completa de afectos. Era honesta sobre as suas fantasias sexuais e já não tinha medo de as explorar. Mais tarde, no processo terapêutico, a paciente falou sobre o seu apego e dependência a Brottman, que acreditava que a sua paciente era capaz de usar o computador como um objeto transicional winnicottiano e como uma "extensão da construção mental da nossa relação e, como tal, um espaço intermédio altamente carregado na fronteira entre o eu e o não-eu" (p.30). Brottman explicou ainda que talvez a sua paciente não conseguisse tolerar a intimidade da análise cara a cara, pelo que procurou uma relação de mediação ou de compromisso com Brottman. A paciente preferia ler e reler os e-mails do seu analista no seu próprio tempo e espaço, em vez de se sentir pressionada nas suas sessões presenciais. Brottman afirmou que a sua paciente escrevia sem pontuação para poder associar melhor e não relia o seu próprio material antes de o enviar. A paciente relatou sentir-se mais relaxada e confortável on-line do que pessoalmente. Quando Brottman sugeriu tentar novamente a psicanálise presencial, a paciente recusou e ficou muito ansiosa. Uma vez que Brottman concordou em não pressionar a paciente sobre esta questão, a paciente ficou ainda menos inibida, sabendo que nunca mais seria convidada a vir cá e o tratamento continuou.

Embora este resultado positivo possa ter sido específico para este doente ou tipo de doente, Brottman (2004) salientou que a expressão de alguns dos sentimentos mais profundos e íntimos tem sido comunicada através da escrita. Isto é especialmente verdade quando as pessoas estão apaixonadas e sentem que não podem exprimir os seus sentimentos diretamente, devido ao risco de vergonha e humilhação em relação a uma possível rejeição e julgamento.

Turkle (2004) afirmou que os computadores não são meras ferramentas - são "objectos evocativos" porque permitem às pessoas verem-se a si próprias e ao mundo de uma forma diferente. Explicou que os computadores e outros dispositivos tecnológicos se tornam extensões do eu. (Um dos doentes desta autora descreveu o seu local de trabalho "sem computador" como se a fizesse sentir como se fosse obrigada a trabalhar sem os braços). Devido a estas caraterísticas dos aparelhos electrónicos, Turkle afirmou que estes se tornaram objectos e pediu ao campo da psicanálise que criasse um novo objeto 7

teoria das relações que considera as máquinas tecnológicas como objectos. Em apoio à teleanálise, afirmou que os indivíduos que utilizam o computador de forma positiva como um auxílio para as suas vidas tendem a utilizar a tecnologia informática para aumentar a sua auto-consciência e formar ligações positivas com os outros, para além de procurarem os seus desejos, encontrarem soluções para barreiras, expressarem-se e explorarem o mundo. **Experiência do escritor com a ciberanálise**

A experiência deste autor com a ciberanálise é analisada a seguir. São apresentados dois cenários diferentes: pedidos de ciberanálise feitos por pacientes e pedidos feitos por este psicanalista.

Pedidos efectuados pelos doentes.

Esta autora já recebeu muitos pedidos de ciberanálise por parte dos seus pacientes. Os que não foram concedidos, mas discutidos com o paciente, tinham a ver com a Internet. Uma cliente queria manter-se em contacto após o término do tratamento, encorajando o analista a ver o que ela fazia nas suas redes sociais. A analista não aceitou o convite da paciente para ser "amiga" da escritora nas suas redes sociais, porque acreditava que a paciente estava a ter problemas relacionados com a terminação, que deveriam ser discutidos em vez de actuados. Para esta paciente em particular, as questões de terminação tinham a ver com questões não resolvidas sobre o abandono da mãe e o abandono do marido, este último tendo ocorrido exatamente um ano antes do pedido de "amizade". Ao não permitir que esta paciente continuasse uma relação com o seu analista através das redes sociais, este analista conseguiu manter a paciente em psicanálise por um período de tempo mais longo, em vez de a terminar prematuramente. Ter se entregado à fantasia de o analista ver suas atividades diárias pode ter feito a paciente sentir que ainda estava sendo vigiada e cuidada - uma fantasia que ela expressou. Se ela se sentisse vigiada e cuidada, acreditava que poderia terminar mais facilmente. A expressão desta fantasia levou a doente a entrar em contacto com os sentimentos em relação à mãe e ao seu desejo de que esta pudesse apreciar todas as realizações que ela alcançou desde que saiu de casa. A ideia de que a paciente estava a fazer à sua analista o que o seu marido

O exemplo clínico acima corrobora a crença de Scharff (2013) de que a ciberanálise distorce o quadro psicanalítico e não proporciona um processo psicanalítico, pois a paciente teria representado sentimentos difíceis em relação à separação do analista, em vez de se permitir senti-los e trabalhá-los. O exemplo clínico também pode ser relacionado ao relato de Suler (2004) de que trabalhar no ciberespaço distorce a noção de tempo dos indivíduos a ponto de eles poderem estar operando em um período de tempo diferente do tempo real. No caso da paciente acima, se a paciente acreditasse que seu analista estava vendo suas postagens nas redes sociais, ela poderia ter alterado o que faria e o que postaria. Assim, após o término, a paciente estaria operando como se ainda estivesse em tratamento, relatando sua vida ao analista, como havia feito no passado. Essa distorção do tempo e da realidade pode tê-la impedido de seguir em frente com verdadeira independência. Curiosamente, esta paciente não pediu para ver o site de redes sociais do analista, embora este analista não tenha um por essa mesma razão - pelo que os seus pacientes não o podiam ver. A analista atribui o facto de a paciente não ter pedido nada ao seu diagnóstico. Mesmo na sala de tratamento, a contratransferência dessa analista era que ela sentia que não estava na sala (excluída). Este é apenas um exemplo de muitos que esta analista já vivenciou, em que um paciente solicitou o uso da ciberanálise. Mas, já houve ocasiões em que esta analista solicitou o uso da ciberanálise aos seus pacientes.

Pedidos efectuados por este psicanalista.

Um dos pacientes deste analista teve de sair da cidade porque não conseguia encontrar um emprego. Partiu para outra cidade para viver com um amigo e continuar a sua procura de emprego na nova cidade. O paciente estava relutante em discutir a possibilidade de continuar a análise ao telefone, com medo de que não fosse possível e de se sentir rejeitado se o analista dissesse "não". Sentindo isso, o analista sugeriu fortemente que o paciente continuasse suas sessões por telefone para fazer uma transição suave. (Este paciente vivenciou esta transição como um símbolo de fracasso, porque ele sentiu que não conseguiria fazer isso na cidade de sua escolha). Além disso, se o paciente quisesse continuar a análise através do 9

telefone depois de se instalar, ele poderia. A escolha seria dele. Depois de o mencionar várias vezes e de
o paciente discutir como seria continuar as nossas sessões por telefone em vez de começar com um novo
psicanalista, ele concordou. A ciberanálise por telefone continuou durante muitos anos, a pedido do
paciente. O paciente expressou que este analista não o abandonou numa altura em que teria sido fácil e
lógico fazê-lo. O seu terapeuta anterior tinha terminado a terapia ("abandonou-o") para se retirar do seu
consultório. Mais tarde, o paciente expressou gratidão pelo facto de este analista não o ter abandonado.
O uso destas sessões telefónicas parece ter ajudado este paciente a melhorar as suas relações de objeto
através do aumento da sua confiança neste analista e também pode ter tido uma função reparadora de
abandonos passados.

Segundo Brottman (2012), o telefone pode ter servido como um objeto transicional
winnicottiano e como uma extensão deste analista para o paciente no seu novo contexto. O paciente
poderia então reconstruir a relação analítica e usá-la para criar o espaço analítico intermediário entre ele
e esse analista. Esta relação era importante porque o paciente só tinha um amigo, nenhuma família e
nenhum emprego no seu novo contexto e viver com o seu único amigo era muitas vezes problemático e
assemelhava-se ao seu passado.

Além disso, certos componentes da psicanálise ainda ocorriam através das sessões telefónicas.
A regressão ocorreu por telefone, como discutido por Laszlo, Esterman e Zabko (1999), Childress
(1998), Suler (1998) e Polauf (1998). A transferência e a contratransferência continuaram a ocorrer e a
ser trabalhadas através do telefone, independentemente da ausência da presença pessoal do analista, tal
como foi debatido por Laszlo, Esterman e Zabko (1999), Childress (1998), Suler (1998) e Polauf
(1998). Carlino (2001) descreveu como a psicanálise e a subjetividade foram afectadas por certas
transformações socioculturais, como a tecnologia. Este paciente tinha sido bem versado na utilização de
grupos de apoio social através da Internet antes das sessões telefónicas, por isso talvez a sua experiência
anterior com relações online o tenha ajudado a utilizar as sessões telefónicas tão bem como o fez.

Resumo

Este capítulo discute a literatura sobre se a ciberanálise é ou não uma forma viável de
tratamento. Vinhetas de casos do consultório particular deste psicanalista 10

A análise de dados foi também incluída como exemplo dos possíveis benefícios e armadilhas da ciberanálise. O autor conclui que o uso da ciberanálise deve ser determinado com base nas necessidades individuais de cada paciente e que o seu uso deve ser reavaliado em vários intervalos. Além disso, a análise do efeito da ciberanálise sobre o paciente e a díade terapêutica deve ser efectuada sempre que necessário ao longo do tratamento.

Referências

Brottman, M. (2012). De onde não se pode falar: Conduzindo a psicanálise online. *Psychoanalytic Review, PP*(1), 19-34.

Carlino, R. (2011). *Tecnologia da comunicação na clínica. A teoria e a prática do uso da tecnologia da comunicação na clínica.* Karnac Books: Londres.
http: //site.ebrary.com.proxy 1 .ncu.edu/lib/ncent/docDetail .action?docID=10490 854

Childress, C. (1998). Potenciais riscos e benefícios das intervenções psicoterapêuticas em linha. Retirado de http://www.ismho.org/issues/980I.html

Friedman, R. C., Bucci, W., Christian, C., Drucker, P., & Garrison, W. B. III. (1998). Pacientes de psicoterapia privada de psicanalistas psiquiatras. *American Journal of Psychiatry, 155,* 1772-1774.

Laszlo, J. V. Esterman, G., & Zabko, S. (1999). Terapia através da Internet? Teoria, investigação e finanças. *CyberPsychology and Behavior, 2,* 293-307.

Polauf, F. J. (1998). Psicoterapia na Internet: Teoria e técnica. Recuperado de http: //www.nyreferrals.com/psychotherapy

Scharrf, J. S. (ed.). (2013). *Psicanálise online: Saúde mental, teleterapia e formação.* Londres: Karnac Books.

Scharff, J. S. (2013). Psicanálise assistida por tecnologia. *Journal of the American Psychoanalytic Association, 61*(3), 491-510. doi: 10.1177/0003065113485423

Suler, J. (1998). Pai, mãe, computador: Reacções de transferência aos computadores. Recuperado de http: //www.rider.eduusers/suler/psycber/comptransf.html

Suler, J. (2004). The online disinhibition effect. *CyberPsychology & Behavior, 7*(3), 321-326. doi: 10.1089/1094931041291295

Turkle, S. (2004). Para onde vai a psicanálise na cultura informática? *Psychoanalytic Psychology, 21*(1), 16-30.

Capítulo 2

A psicanálise e a ressonância magnética funcional

Imagiologia
A psicanálise e a ressonância magnética funcional

Com os novos avanços na neurociência, torna-se importante que os psicanalistas se familiarizem com a forma como a psicanálise e a neurociência se podem relacionar e melhorar a perspetiva de cada um sobre o funcionamento do cérebro e da mente. As tendências actuais da prática em áreas relacionadas com a saúde incluem a documentação e a utilização das melhores práticas. Historicamente, tem sido difícil para a psicanálise quantificar os seus resultados, em parte devido à falta de avaliações que meçam a mudança estrutural (Westen, Novotny, & Thompson-Brenner, 2004; Gabbard, Gunderson, & Fonagy, 2002). Os psicólogos cognitivos têm tido mais facilidade em medir os efeitos do seu tratamento e encontraram métodos para se basearem na neurociência. Se o campo da psicanálise não conseguir encontrar o seu lugar no mundo ao lado da neurociência e da cognição através da publicação de resultados quantitativos, pode correr o risco de ser mal interpretado como um método longo, árduo, caro, doloroso e desatualizado para melhorar o bem-estar psicológico (Georgieff, 2011). Desde o início da psicanálise, Freud tentou encaixar os seus novos conceitos psicanalíticos do inconsciente, id, ego e superego num quadro neurofisiológico/biológico, a que chamou a "fisiologia da mente" (Freud, 1895), mas estava limitado pela tecnologia da época. Talvez ele fique entusiasmado ao saber que as imagens de ressonância magnética funcional (fMRI) podem revelar informações sobre narcisismo, transferência (Gerber & Peterson, 2006), ataques de pânico (Beutel, Stark, Pan, Silbersweig, & Dietrich, 2010) e questões de vinculação na perturbação de personalidade borderline (Buchheim, at el, 2008) ao nível estrutural e neuronal. E esse efeito terapêutico pode ser medido através de fMRIs, mesmo para a terapia cognitivo-comportamental de curto prazo. Este capítulo aborda o uso atual de fMRIs no campo da psicanálise, revisando pesquisas sobre: transferência, ataques de pânico, estilos de apego e resultados psicanalíticos.

Diferentes tipos de exames ao cérebro

Carlson (2004) distinguiu entre tomografia computorizada (TC), ressonância magnética (RM), tomografia por emissão de positrões (PET) e ressonância magnética funcional (fMRI). Todos estes procedimentos de scanning cerebral podem ser utilizados na investigação psicanalítica. As suas comparações estão resumidas abaixo. A tomografia computorizada utiliza raios X de múltiplos ângulos num plano horizontal da cabeça para medir a quantidade de radioatividade que atravessa o tecido e o crânio. Os dados numéricos são traduzidos numa imagem (um corte bidimensional) do crânio e do cérebro através de um computador. Uma vez que os tecidos absorvem menos radiação do que o sangue, a TAC pode ser utilizada para detetar áreas de lesão após um AVC ou para detetar um AVC.

A ressonância magnética (RM) utiliza um campo magnético em vez de raios X para gerar uma imagem (um corte bidimensional) do interior de um corpo com melhor resolução do que uma tomografia computorizada. Algumas moléculas do corpo têm átomos com núcleos que têm um spin direcional caraterístico e emitem as suas próprias ondas de rádio a frequências caraterísticas quando sujeitas a uma onda de radiofrequência. Uma RMN é configurada para detetar átomos de hidrogénio. Após a realização de exames nos planos horizontal, frontal e/ou sagital, é medida a concentração de hidrogénio em diferentes áreas do cérebro. Tal como na TAC, um computador traduz os dados numa imagem. A ressonância magnética funcional (fMRI) é semelhante à ressonância magnética, mas produz imagens mais rapidamente e pode fornecer fotografias de tecidos mais regionais, medindo os níveis de oxigénio nos vasos sanguíneos. Tem uma resolução mais elevada do que a tomografia por emissão de positrões (PET).

A tomografia por emissão de positrões utiliza um computador para medir o decaimento da 2-desoxiglicose radioactiva ou da água radioactiva (sob a forma de positrões) para indicar vários níveis de atividade (taxa metabólica) em secções do cérebro. Quanto mais ativa for a secção do cérebro, mais substância radioactiva é absorvida. É produzida uma imagem (um corte bidimensional) do cérebro. Os tecidos aparecem com cores diferentes que indicam diferenças nas taxas de absorção de 2-

deoxiglucose. A utilização de exames PET é mais dispendiosa do que os exames CT ou MRI, porque a substância radioactiva tem de ser produzida por um ciclotrão no local, devido às suas curtas semi-vidas.

Transferência

Desde a descoberta do fenómeno da transferência por Freud (1895), a transferência tem permanecido uma construção psicanalítica em quase todos os tipos de práticas psicanalíticas. Nas últimas décadas, a psicologia cognitiva passou de um enfoque na medição quantitativa de microprocessos, como a memória, a inteligência e a perceção, para um enfoque em macroprocessos, como o funcionamento interpessoal e a cognição social (Ochsner & Lieberman, 2001). Uma das áreas de estudo utilizadas para examinar o funcionamento interpessoal pelos investigadores no domínio da cognição social tem sido a transferência. No entanto, os investigadores da cognição social têm uma definição de transferência muito mais alargada do que a dos psicanalistas. No domínio da cognição social, a transferência foi definida como "um aspeto inconsciente da cognição social" (Gerber & Peterson, 2006, p. 1320). Andersen e Chen (2002), psicólogos sociais cognitivos, utilizaram esta definição na sua investigação para estabelecer uma teoria ao longo dos últimos 15 anos que afirma que a forma como um indivíduo interage com os outros, os experiencia e se vê a si próprio é fortemente influenciada por representações de pessoas significativas do passado que são activadas no presente. Por conseguinte, alguns elementos da transferência são partilhados pelos campos da psicanálise e da cognição social.

Gerber e Peterson (2006) mediram o fenómeno psicanalítico da transferência no cérebro através de fMRI. A maior parte dos tipos de psicanálise pretende e utiliza a transferência (sendo uma definição psicanalítica geral - a transferência inconsciente de afectos, pensamentos e crenças de objectos primários internalizados no passado para objectos actuais), mas até à data, houve poucas tentativas quantitativas publicadas para identificar e descrever a(s) sua(s) possível(is) via(s) neurológica(s). Gerber e Peterson (2006) procuraram confirmar as descobertas comportamentais de Andersen e Chen (2002), descritas no parágrafo acima, usando fMRI para identificar áreas do cérebro activadas durante a transferência.

A investigação de Gerber e Peterson (2006) envolveu a utilização do método de Andersen e Chen (2002) para iludir a transferência em indivíduos neuropictópicos, ao mesmo tempo que mediam a atividade cerebral dos seus sujeitos através de fMRI. A atividade cerebral antes da transferência foi comparada com a atividade cerebral do mesmo indivíduo enquanto estava envolvido

na transferência. Gerber e Peterson referiram que as áreas do cérebro que pareciam ser responsáveis pela transferência eram o córtex pré-frontal dorsomedial e dorsolateral, a amígdala, o giro cingulado, o córtex orbitofrontal e o giro fusiforme.

Através do seu estudo de investigação, Gerber e Peterson (2006) propuseram que a transferência pode ser utilizada para juntar investigações empíricas e teóricas sobre o funcionamento da mente. Atualmente, estão a trabalhar numa investigação que examina o efeito da transferência no reconhecimento dos afectos e da memória. No futuro, planeiam estudar a regulação normal e patológica dos afectos no que diz respeito aos padrões de transferência ao longo do tempo (desenvolvimento) com crianças e adolescentes. A sua hipótese é que a patologia do carácter se correlacionará com efeitos de transferência superiores aos normais nas representações do eu/outro, no afeto, na memória e na motivação, e que as perturbações do espetro autista estarão associadas a efeitos de transferência inferiores aos normais. Para além disso, esperam poder medir os efeitos da psicanálise utilizando fMRI antes e depois do tratamento.

Ataques de pânico

Beutel, Stark, Pan, Silbersweig, e Dietrich, (2010) realizaram um estudo antes e depois dentro e entre sujeitos para medir os efeitos do tratamento psicodinâmico de curto prazo (quatro semanas) em regime de internamento para a Perturbação de Pânico. Nove indivíduos com Transtorno do Pânico foram submetidos a exames de fMRI antes e depois do tratamento. A atividade cerebral de cada indivíduo foi comparada antes e depois do tratamento. Além disso, 18 indivíduos de controlo (sem diagnóstico de Perturbação de Pânico) também foram submetidos a exames de fMRI na mesma altura e com os mesmos intervalos que o grupo experimental (ou seja, antes e depois de quatro semanas), mas não receberam qualquer tratamento. Os seus exames foram comparados dentro dos sujeitos e também entre sujeitos com os exames do grupo experimental. Os resultados da fMRI indicaram que, antes do tratamento, os indivíduos diagnosticados com Perturbação de Pânico apresentavam uma atividade límbica excessivamente ativa nas regiões do hipocampo e da amígdala do cérebro, com baixa atividade do córtex pré-frontal (em comparação com os indivíduos neurotípicos do grupo de controlo). Após o tratamento, estes indivíduos mostraram uma diminuição significativa do nível de atividade límbica em ambas as regiões (hipocampo e amígdala), quando comparados com os exames pré-tratamento, e uma resposta de regresso à atividade cerebral neurotípica, quando comparados com

o grupo de controlo. Estes resultados indicam que este tratamento específico foi bem sucedido na diminuição dos sintomas relacionados com a Perturbação de Pânico, tanto a nível estrutural como subjetivo. Mais importante ainda, este estudo mostrou que a fMRI é suficientemente sensível para medir alterações estruturais no cérebro após apenas quatro semanas de tratamento psicodinâmico. As suas implicações para a psicanálise são impressionantes.

Anexo

A investigação demonstrou uma diminuição dos volumes do córtex pré-frontal e da amígdala em indivíduos diagnosticados com Perturbação da Personalidade Limítrofe que sofreram de ligações pessoais traumáticas (Wignall et al, 2004). Esta descoberta levou os investigadores (Buchheim et al., 2008) a investigar a função cerebral e a vinculação traumática a um nível mais específico (ou seja, que partes do córtex pré-frontal e da amígdala eram disfuncionais nesta população e em que circunstâncias?) A vinculação traumática na Perturbação da Personalidade Borderline pode apresentar-se como a incapacidade de tolerar a solidão, uma separação das boas memórias associadas às interações interpessoais, dor, medo e hipersensibilidade nas interações sociais. Buchheim et al mostraram a 11 indivíduos diagnosticados com Perturbação da Personalidade Borderline com um historial de ligações traumáticas fotografias que representavam a solidão e/ou o abandono. Buchheim comparou depois estes resultados com os de um grupo de controlo de 17 indivíduos neurotípicos, sem diagnóstico de Perturbação da Personalidade Borderline, a quem foram mostradas as mesmas fotografias. Todos os indivíduos eram do sexo feminino. O processo decorreu enquanto todos os sujeitos estavam a ser submetidos a exames de fMRI para ver que partes do cérebro eram activadas/desactivadas quando os sujeitos contavam histórias sobre cada fotografia. Havia dois tipos diferentes de fotografias: as primeiras eram denominadas monádicas. Eram fotografias de pessoas que lidavam apenas com ameaças de vinculação. O segundo tipo de fotografias era designado por diádico e mostrava pessoas a interagir umas com as outras em contextos em que ocorriam todos os tipos de vinculação.

Os seus resultados demonstraram que os sujeitos com um diagnóstico de Perturbação da Personalidade Borderline reagiram mais intensamente do que os sujeitos do grupo de controlo enquanto viam e discutiam fotografias monádicas (representando ameaças de vinculação). Este 18

Esta conclusão foi corroborada pelos resultados da fMRI, que mostraram que os indivíduos do grupo experimental apresentavam uma ativação significativamente maior nos seus córtexes medianos anteriores durante a visualização de fotografias monádicas, em comparação com o grupo de controlo. No que diz respeito às fotografias diádicas (que representam diferentes tipos de vinculação [incluindo saudável e satisfatória]), os indivíduos do grupo experimental apresentaram uma diminuição da atividade neural no giro parahipocampal direito e um aumento da atividade neural no sulco temporal superior direito, em comparação com o grupo de controlo. Estes resultados sugerem um possível mecanismo neuronal do trauma de vinculação frequentemente observado em pessoas diagnosticadas com Perturbação da Personalidade Borderline.

Resultados psicanalíticos

Foram efectuados estudos sobre os efeitos da psicanálise e da meditação na estrutura do cérebro e estão incluídos no livro de Austin, *The zen-brain connection* (2010). Os resultados são demasiado numerosos e complicados para serem enumerados aqui. Mas a descoberta mais importante, que a maioria dos psicanalistas atestaria a partir das suas experiências no tratamento de pacientes a longo prazo, é que o processo analítico produz alterações nas vias neurológicas do cérebro, de acordo com os estudos de fMRI. Por outras palavras, a psicanálise altera não só a mente, mas também a fisiologia do cérebro. Ambas as mudanças na mente e na estrutura do cérebro parecem andar de mãos dadas. Austin também relatou os efeitos da prática consistente de meditação a longo prazo (mais de 30 anos) (pelo menos três vezes por semana) na estrutura do cérebro. Descobriu que este tipo de meditação também produzia alterações estruturais no cérebro, de acordo com estudos de fMRI. E, o que é mais surpreendente, descobriu que as alterações estruturais do cérebro registadas por RMNf, produzidas como resultado de uma psicanálise completa, eram semelhantes às produzidas como resultado de uma meditação consistente a longo prazo.

Curiosamente, Gerbarg (2007) estudou a combinação do yoga e da prática psicanalítica e os seus efeitos combinados no bem-estar mente-corpo. Ela queria descobrir como esta combinação de práticas afectaria o processo de psicanálise utilizando Sudarshan Kriya Yoga (SKY), uma vez que este tipo de yoga demonstrou melhorar a resposta ao stress, a regulação das emoções, a ansiedade, a perturbação de stress pós-traumático, a depressão e a perturbação obsessiva compulsiva (Gordon, Staples, 19

Blyta, & Bytyqui, 2004). Ela descobriu que a prática consistente da SKY melhorava o processo psicanalítico.

Conclusões

As implicações destes estudos de fMRI para a psicanálise são fascinantes. Parecem apoiar os sintomas comportamentais subjectivos, as experiências subjectivas dos pacientes e as observações dos psicanalistas. Dão informações sobre o que está a acontecer no cérebro quando as pessoas sentem certas coisas e vivem certas experiências. Os estudos de ressonância magnética funcional também são capazes de mostrar mudanças antes e depois do tratamento. Embora possa ser difícil conseguir que os pacientes psicanalíticos concordem em fazer uma ressonância magnética antes de iniciarem o tratamento e depois de o terminarem, uma vez que muitas pessoas terminam o tratamento antes de terem concluído uma análise, quanto mais estudos forem efectuados utilizando a ressonância magnética funcional, mais comum se poderá tornar este procedimento. É possível que a investigação seja efectuada antes e depois do tratamento em analisandos e não em doentes leigos. No entanto, este escritor conhece muitos pacientes psicanalíticos que podem ficar muito contentes por ver imagens dos seus cérebros e a sua comparação com exames "neurotípicos" ou exames de outros com problemas semelhantes.

Este escritor acredita que o uso de fMRI e o estudo da pesquisa em fMRI podem servir como uma ponte importante entre os campos da psicanálise, neurociência e cognição. Pode também ajudar a quantificar os efeitos da psicanálise e de vários tipos de técnicas. Obviamente, o campo da psicanálise tem as suas próprias capacidades e teorias únicas para oferecer às outras disciplinas e ao mundo da ciência, nenhuma das quais deve ser perdida no processo de tentar provar que a arte e a ciência da psicanálise ajudam efetivamente as pessoas a fazer mudanças nas suas vidas e mudanças estruturais nos seus cérebros.

Referências

Andersen, S. M., & Chen, S. (2002). O eu relacional: An interpersonal social- cognitive theory. *Psychological Review, 109,* 619-645.

Austin, J. H. (2010). *Zen-brain reflections [Reflexões do cérebro zen].* Cambridge, MA: MIT Press.

Beutel, M. E., Stark, R., Pan, H., Silbersweig, & D., Dietrich, S. (2010). Alterações da ativação cerebral pré-pós psicoterapia psicodinâmica de curta duração em regime de internamento: Um estudo de fMRI de pacientes com transtorno do pânico. *Psychiatry Research: Neuroimaging, 184,* 96-104.

Buchheim, A., et al. (2008). Neural correlates of attachment trauma in borderline personality disorder: Um estudo de ressonância magnética funcional. *Psychiatry Research: Neuroimaging, 163,* 223-235.

Carlson, N. R. (2004). *Physiology of Behavior* (8ª ed.). Boston, MA: Pearson Education, Inc.

Freud, S. (1895). Pesquisa de uma psicologia científica, *Nascimento da Psicanálise.* Paris: PUR.

Gabbard, G. O., Gunderson, J. G., & Fonagy, P. (2002). The place of psychoanalytic treatments within psychiatry (O lugar dos tratamentos psicanalíticos na psiquiatria). *Archives of General Psychiatry,* 59, 505-510.

Georgieff, N. (2011). A psicanálise e a neurociência social cognitiva: Um novo quadro para um diálogo. *Revista de Fisiologia - Paris, 105,* 207-210.

Gerbarg, P. L. (2007). Yoga e neuro-psicanálise. In: F. S. Anderson, (Ed.). *Corpos em tratamento: The unspoken dimension .* Hillsdale NJ: The Analytic Press Inc, 132-133.

Gerber, A. J., Peterson, B. S. (2006). Medição de fenómenos de transferência com fMri.

Journal of the American Psychoanalytic Association, 54, 1319-1325. doi: 10.1177/00030651060540040105

Gordon, J. S., Staples, J. K., Blyta, A., & Bytyqi, M. (2004). Tratamento da perturbação de stress pós-traumático em estudantes do ensino secundário do Kosovo no pós-guerra, utilizando grupos de competências mente-corpo: Um estudo piloto. *Journal of traumatic stress, 17*(2), 143-147.

Westen, D., Novotny, C. M., & Thompson-Brenner, H. (2004). O estudo empírico 21 estado das psicoterapias apoiadas empiricamente: Assumptions, findings, and reporting in controlled clinical trials. *Psychological Bulletin,* 130, 631- 663.

Wignall, E. L., Dickson, J. M., Vaugh, P., Farrow, T., Wilkinson, I. D., Hunter, M. D., & Woodruff, P. (2004). Menor volume do hipocampo em pacientes com transtorno de stress pós-traumático de início recente. *Biological Psychiatry 56,* 832-836.

Capítulo 3

Psicanálise e psicofarmacologia
Psicanálise e psicofarmacologia

Muitos psicanalistas do passado e do presente acreditam que ter pacientes sob medicação psicotrópica é contraindicado para a psicanálise (Cabaniss, 1998; Normand & Bluestone, 1986; Sarwer-Foner, 1960). Há muitas razões para esta contraindicação, a maioria baseada na premissa de que os psicanalistas vêem os sintomas como compromissos defensivos de material reprimido. Por exemplo, a medicação pode amortecer um conflito mais profundo e, assim, erradicar um método para descobrir vestígios desse conflito (Sworskin, 2001). Sworskin também pensou que a concessão de psicotrópicos pode gratificar um conflito inconsciente e inibir uma busca psicanalítica investigativa mais profunda no paciente. Se o conflito mais profundo não for resolvido devido à medicação, o resultado pode ser uma substituição de sintomas (Klerman & Bertman, 1991). Além disso, a razão do paciente para desejar a medicação pode ser escondida se o psicanalista apoiar a medicação psicotrópica (Nevins, 1990). Esta não é uma lista inclusiva de todas as razões pelas quais os psicanalistas podem estar relutantes em apoiar o uso de medicação psicotrópica durante o tratamento. No entanto, Freud pensava que, no futuro, a medicação poderia ajudar certos pacientes psicanalíticos enquanto eles estavam em análise (Freud, 1940/1964).

No entanto, as empresas farmacêuticas e os seus laboratórios químicos científicos são muito poderosos atualmente. Produziram uma infinidade de novos medicamentos para o tratamento da Perturbação Obsessivo-Compulsiva, da Perturbação de Ansiedade Social e da Perturbação Distimica (Bowden, 1992) e todos os anos são testados novos medicamentos.

Este capítulo discute questões relacionadas com a coocorrência da psicanálise e da psicofarmacologia. É relatada a prevalência de pacientes que tomaram psicofármacos durante o tratamento psicanalítico. São identificadas as recentes mudanças de paradigma no campo da psicanálise no que diz respeito ao uso de medicamentos psicotrópicos. São analisados os critérios para determinar a necessidade de medicação psicotrópica durante a psicanálise.

Prevalência

Vários inquéritos indicaram que entre 19% e 36% dos pacientes em psicanálise tomaram medicamentos psicofarmacêuticos durante o tratamento psicanalítico (Caligor, Hamilton, Schneier, Donovan, Roose, 2003; Roose & Stern, 1995; Yang, Caligor, Cabaniss, Luber, Donovan, Rosen, et al., 2004). Cabaniss e Roose (2005) examinaram uma forma mais sistemática de ver o uso de psicofármacos durante o tratamento psicanalítico. Eles revisaram vários artigos sobre esse tópico e encontraram as seguintes informações, resumidas abaixo. No estudo de Roose e Stern (1995), aproximadamente 30% dos pacientes de candidatos a respondentes psicanalíticos (16 de 56) estavam a tomar medicação psicotrópica. Donovan e Roose (1995) efectuaram depois o mesmo estudo com psicanalistas e supervisores em vez de candidatos à formação. Relataram que, de 277 pacientes, 51 ou 18% tinham tomado medicação psicotrópica durante a sua análise. Quando os resultados destes dois estudos foram combinados, os seus autores referiram que aproximadamente 85% dos pacientes que tomavam medicação tinham uma perturbação do humor (Perturbação Depressiva Major ou Distimia) e que o tipo de medicação mais frequentemente prescrito eram os antidepressivos. De acordo com (Yang et al., 2004), dos 85% de pacientes diagnosticados com um distúrbio de humor, 84% melhoraram com a combinação de psicanálise e medicação psicotrópica. A prevalência do uso de medicação psicotrópica com a psicanálise nas últimas décadas pode ser indicativa da constatação de que 30-50% das pessoas que iniciam o tratamento psicanalítico têm um transtorno de humor do Eixo I ou um transtorno de ansiedade (Vaughan, Marshall, MacKinnon, Vaughan, Mellman, Roose, 2000). No entanto, estudos do Centro de Formação e Investigação Psicanalítica da Universidade de Columbia (Gwynn, & Roose, 2004) mostram que 22% dos psicanalistas que são médicos e podem prescrever medicação, continuam a fornecer medicação psicotrópica aos seus pacientes psicanalíticos após o término da psicanálise.

Na prática do autor e no momento em que este ensaio foi escrito, dois dos 11 pacientes tomavam medicação psicotrópica. Num dos casos, o paciente iniciou a psicanálise há seis anos com múltiplos medicamentos (5+) para um diagnóstico médico anterior. Ele 25

permaneceu com estes medicamentos, apesar de, ao longo do tempo e após uma
mudança de psiquiatra, terem sido ajustados. Este autor não acredita que este doente
sofresse desta perturbação em particular, mas o primeiro psiquiatra do doente não
reconsiderou o seu diagnóstico ou medicação. Este paciente mudou de psiquiatra a
pedido do paciente, mas o novo psiquiatra estava relutante em mudar a sua medicação
sem mais observações ao longo do tempo; uma decisão que este escritor considera
apropriada. Este autor acredita que o desejo deste doente de tomar medicação pode ser
uma identificação excessiva com a sua mãe que sofria do mesmo diagnóstico. Além
disso, o paciente expressou receio de que, uma vez que já não consome ativamente
drogas de rua, se deixasse de tomar a medicação e continuasse a ter as mesmas
dificuldades na vida, teria de admitir que havia algo de errado com ele. Esta resistência
pode estar de acordo com a crença de Sworskin (2001) de que tomar medicação
psicotrópica pode satisfazer um conflito inconsciente e inibir uma busca psicanalítica
investigativa mais profunda no paciente. Razões adicionais para desejar a medicação
podem estar presentes neste paciente, mas ocultas, uma vez que, de acordo com Nevins
(1990), o apoio da medicação psicotrópica pode inibir a expressão de material mais
profundo.

O segundo paciente do consultório deste autor também começou a psicanálise com
inibidores selectivos da recaptação da serotonina (ISRS) (em conjunto com
medicação

para dormir

e uso diário de marijuana) e não estava disposto a interrompê-los. Este
autor deu-lhe uma psicoeducação sobre a possível falta de capacidade do cérebro para
se reequilibrar

facilmente

e regular a depressão por si próprio imediatamente após uma utilização prolongada
(especialmente quando são tomados outros medicamentos). Carlson (2004) descreveu o
mecanismo

pelo qual (SSRIs) tratam a depressão. Afirmou que a depressão tem sido associada a
uma

subestimulação do neurónio pós-sináptico com serotonina.

Os inibidores
selectivos da recaptação da serotonina
tentam tratar a depressão inibindo a recaptação da serotonina nas células pré-sinápticas
após a sua libertação. Isto permite que a serotonina permaneça nos espaços sinápticos
por
períodos de tempo mais longos do que o habitual, resultando em mais serotonina
disponível para
se ligar repetidamente aos receptores pós-sinápticos. No entanto, a serotonina extra nas
fendas sinápticas
sináptica inunda os auto-receptores pré-sinápticos que orquestram a diminuição da
produção de serotonina
. Esta diminuição dura um longo período de tempo porque a inibição da
Os transportadores de substâncias que não são transportadas pelo corpo ocorrem mais
abaixo no axónio. O organismo reage diminuindo a sensibilidade dos auto-receptores.
Isto também resulta na diminuição da quantidade de receptores pós-sinápticos, o que
altera a relação recetor/serotonina ao longo do tempo. No entanto, o organismo
restabelece a transmissão deste neurotransmissor em resposta à ativação da quantidade
de receptores disponíveis. No entanto, se forem tomados por longos períodos de tempo
(muitos anos) sem férias da medicação (como foi o caso do paciente deste escritor), o
corpo pode ter dificuldade em se reajustar ao término de um SSRI.

Ambos os doentes tinham um historial de abuso de substâncias ou de consumo
atual de drogas. A medicação pode ter sido um substituto para o abuso de substâncias no
primeiro doente, que mais tarde alcançou a sobriedade. Nos últimos seis anos, cinco dos
pacientes deste autor conseguiram interromper a medicação psicotrópica. Ninguém na
prática deste autor começou a tomar medicação psicotrópica depois de iniciar a
psicanálise.

Determinação da necessidade de medicação psicotrópica

Uma revisão da literatura parece sugerir que há uma variedade de critérios usados
para determinar a necessidade de medicação psicotrópica ou de medicação psicotrópica
contínua durante a psicanálise. Uma descoberta foi que a decisão de medicar ou não
parece ser baseada no tipo de ambiente de tratamento (por exemplo, instituto

psicanalítico versus um hospital de formação com um programa psicanalítico) em vez de um diagnóstico (Caligor, Hamilton, Schneier, Donovan, Roose, 2003). No entanto, esta constatação faz sentido, uma vez que os psicanalistas não diagnosticam os pacientes da mesma forma que os profissionais que trabalham no modelo médico. Este último utiliza o DSMV (2013) e os sintomas. Em vez disso, o diagnóstico psicanalítico é realizado levando em consideração as funções do ego, id, superego; tipo de mecanismos de defesa; linhas de desenvolvimento; capacidade de regredir a serviço do ego; e assim por diante. Num estudo qualitativo que analisou os apontamentos de candidatos a psicanalistas, verificou-se que, quando os medicamentos psicotrópicos eram alterados, o mais frequente era serem ajustados imediatamente antes de uma reação a uma separação prevista, como a reação do analista ou do paciente à partida de um deles (Gwynn, & Roose, 2004). Este estudo também revelou uma falta de documentação clara nas notas dos candidatos relativamente à discussão entre o candidato psicanalítico e o paciente que 27 incluiu explorações tanto da necessidade fisiológica de medicação psicotrópica como do desejo inconsciente psicanalítico de receber a medicação e de ser medicado.

Esta autora foi ensinada na sua formação psicanalítica que, sempre que possível, o uso de medicação psicotrópica não deve ser apoiado. Em vez disso, o uso de medicação psicotrópica ou o desejo de o fazer deve ser explorado. Os professores de psicanálise afirmam que, se uma pessoa precisa de medicação psicotrópica, o analista deve encaminhá-la para o serviço de urgência psiquiátrica para uma avaliação. A partir da revisão da pesquisa, este escritor acredita que a medicação psicotrópica deve ser usada com moderação, por exemplo, se o paciente tiver dificuldade em comparecer às sessões psicanalíticas. Se for esse o caso, então espera-se que a medicação ajude o paciente a vir ao tratamento para discutir sentimentos e trabalhar o material que pode estar a causar os sintomas que o paciente deseja medicar.

Mudanças de paradigma e considerações para a psicanálise

Cabaniss e Roose (2005) resumiram as mudanças de paradigmas que, segundo eles, estão ocorrendo atualmente no campo da psicanálise em relação ao uso de medicamentos psicotrópicos. A primeira mudança de paradigma é que existe atualmente uma quantidade significativa de pacientes com perturbações do humor em tratamento psicanalítico. A segunda é que entre 19 e 36% dos pacientes psicanalíticos também foram tratados com medicamentos psicotrópicos. A terceira é que os psicanalistas podem ter reservas ou dificuldades em passar de um método psicanalítico de diagnóstico para um modelo médico de diagnóstico baseado em sintomas. E, em quarto lugar, a constatação de que muitos psicanalistas que são também médicos continuam a prescrever medicamentos psicotrópicos depois de terminarem o tratamento psicanalítico tem implicações para uma forma diferente de encarar a terminação.

As implicações destas mudanças de paradigma para a prática futura da psicanálise incluem a necessidade de mais investigação sobre os pormenores da necessidade de medicação (por exemplo, em que condições, se é que há alguma, a medicação seria apoiada por um psicanalista?) Além disso, a investigação atual sobre como o uso de medicação psicotrópica durante a psicanálise pode ser contraindicado e como trabalhar com os pacientes 28

psicanalítica sem medicação, embora os pacientes possam estar a procurar medicação. Além disso, são necessárias publicações sobre como ajudar um paciente a deixar de tomar medicação psicotrópica durante a psicanálise e os benefícios de o fazer.

Nesta época de "soluções rápidas", muitos pacientes, especialmente os jovens de vinte e poucos anos que estão a começar a psicanálise, procuram uma solução rápida para os seus sentimentos e circunstâncias dolorosas. No início da psicanálise, muitos sentimentos dolorosos e reprimidos podem vir à tona pela primeira vez, fazendo com que o paciente se sinta pior do que quando começou o processo analítico. É nesta altura que muitos pacientes pedem medicação psicotrópica, de acordo com a experiência deste escritor. Alguns chegam mesmo a ameaçar ir-se embora se não lhes for dado um encaminhamento psiquiátrico. É uma arte manter os pacientes na prática psicanalítica nestas circunstâncias sem ceder a pedidos de medicação antes de terem sido analisados e antes de se ter estabelecido uma relação forte.

Há também considerações éticas a examinar. É um direito do paciente procurar medicação se assim o desejar (American Psychoanalytic Association, 2007). Em que momento deve um psicanalista que não acredita no uso de medicação psicotrópica durante a análise dar um encaminhamento psiquiátrico? As Normas Aplicáveis aos Princípios Éticos para Psicanalistas da American Psychoanalytic Association (2007), na

Secção VIII (Salvaguarda do Público e da Profissão), Número 1, sob o segundo título **Normas Aplicáveis aos Princípios Éticos para a Psicanálise**, afirmam que se o processo de tratamento psicanalítico se tornar extremamente perturbador ou confuso para o paciente (ou analista), deve ser procurada ajuda através de uma consulta. Embora não esteja especificamente indicado nesta publicação sobre ética, uma consulta pode ser um encaminhamento para um psiquiatra para uma avaliação da medicação. Os pacientes que estão a tomar medicação psicotrópica devem assinar uma autorização de informação para que os seus psicanalistas possam falar com os seus psiquiatras sobre o seu regime de medicação (American Psychoanalytic Association, 2007). A experiência deste escritor é que, por vezes, há uma divisão entre o psiquiatra que está a medicar e o psicanalista no que diz respeito à forma como o paciente está a reagir e se o paciente precisa ou não de tomar medicação psicotrópica.

Também é experiência desta autora que, se possível, os pacientes em psicanálise não devem tomar medicamentos psicotrópicos e, se o fizerem, na maioria das vezes, devem ser reduzidos a um certo ponto para que possam tolerar a ausência de medicação. Esta autora tem tido algum sucesso ao explicar aos pacientes na sua prática que os medicamentos psicotrópicos são uma muleta para permitir que uma pessoa que, de outra forma, não seria capaz de vir à análise, venha à análise para trabalhar no que quer que seja que seja problemático. Para todos os outros, é benéfico treinar o cérebro para auto-regular pensamentos e emoções em vez de depender de um medicamento. Quando os doentes dependem de medicamentos, os seus cérebros podem deixar de se esforçar para tentar regular as emoções e o resultado pode ser que, quando um doente termina a medicação, o seu cérebro tem agora de começar tudo de novo na produção dos químicos necessários para um disparo sináptico ótimo (National Institute on Drug Abuse, 2010). O cérebro precisa então de assumir o trabalho que a medicação estava a fazer, mas pode ser incapaz de o fazer. Muitas vezes, quando um doente tenta reduzir a medicação, pode sentir uma onda de sentimentos avassaladores (efeito de ricochete ou efeito de ricochete [Hohagen, Rink, Kappler, et al.; 1993]) que não consegue gerir automaticamente. Em vez de tentarem gerir os seus sentimentos, os doentes afirmam frequentemente que este efeito de ricochete emocional é a prova de que precisam de continuar a tomar a medicação e que já não querem parar (Hohagen, Rink, Kappler, et al.; 1993). Por conseguinte, sessões frequentes e psico-educação sobre o processo de interrupção da medicação podem revelar-se úteis.

Referências

Associação Americana de Psiquiatria. (2013). *Manual de diagnóstico e estatística das perturbações mentais (DSM-5®).* American Psychiatric Pub.

Associação Psicanalítica Americana. (2007). Normas aplicáveis aos princípios de ética para psicanalistas. Recuperado de: http://ethics.iit.edu/ecodes/node/3722

Bowden, C. (1992). Implicações dos estudos psicofarmacológicos para a prática da psicanálise. *Journal of the American Academy of Psychoanalysis, 30,* 477-486.

Cabaniss, D. (1998). Mudança de velocidade: o desafio de ensinar os alunos a pensar psico-dinamicamente e psico-farmacologicamente ao mesmo tempo. *Psychoanalytic Inquiry, 18,* 639-56.

Cabaniss, D., & Roose, S. (2005). Psicanálise e psicofarmacologia: novas pesquisas, novos paradigmas. *Clinical Neuroscience Research, 4,* 399-403.

Caligor, E., Hamilton, M., Schneier, H., Donovan, J., Roose, S. (2003). Pacientes convertidos versus pacientes clínicos na clínica de formação psicanalítica: Implicações para a formação. *Journal of the American Psychiatric Association, 51*(1), 201-220.

Carlson, N. R. (2004). *Physiology of Behavior* (8ª ed.). Boston, MA: Pearson Education, Inc.

Donovan, S., & Roose, S. P. (1995). Uso de medicamentos durante a psicanálise. A survey. *Journal of Clinical Psychiatry, 56,* 177-9.

Freud, S. (1940/1964). Um esboço de psicanálise. Em J. Strachey (Ed. & Trans.). *The standard edition of the complete psychological works of Sigmund Freud, 23,* 139-207.

Gwynn, N., & Roose, S. (2004). Gestão da medicação durante a psicanálise. *Journal of the American Psychoanalytic Association, 52*(4), 1243-44.

Hohagen, F., Rink, K., Kappler, C., et al. (1993). Prevalência e tratamento da insónia em clínica geral. Um estudo longitudinal. *European Archives of Psychiatry in Clinical Neuroscience, 242*(6), 329-36. doi:10.1007/BF02190245

Klerman, G., & Bertman, B. (eds.). (1991). *Integrating pharmacotherapy and psychotherapy.* Washington, DC: American Psychiatric Press.

Instituto Nacional de Abuso de Drogas. (2010). Drogas, cérebro e comportamento: The science of addiction. Recuperado de: http://www.drugabuse.gov/publications/science- addiction/drugs-brain

Nevins, D. (1990). Perspectivas psicanalíticas sobre o uso de medicação para doenças mentais. *Boletim da Clínica Menninger, 54,* 323-359.

Normand, W., & Bluestone, H. (1986). O uso da farmacoterapia no tratamento psicanalítico. *Contemporary Psychoanalysis, 22,* 218-34.

Roose, S. P., & Stern, R. (1995). Utilização de medicamentos em casos de formação: A survey. *Journal of the American Psychoanalytic Association, 43,*163-70.

Sarwer-Foner, G. J. (1960). *The dynamics of psychiatric drug therapy.* Springfield, IL: Charles C. Thomas.

Sworskin, M. H. (2001). Psicanálise e medicação: É possível uma verdadeira integração? *Boletim da Clínica Menninger, 65*(2), 143-159.

Vaughan, S. C., Marshall, R. D., MacKinnon, R. A., Vaughan, R., Mellman, L., Roose, S. P. (2000). Podemos fazer pesquisa de resultados psicanalíticos? Um estudo de viabilidade. *International Journal of Psychoanalysis, 81*(3), 513-28.

Yang, S., Caligor, E., Cabaniss, D., Luber, B., Donovan, J., Rosen, P., et al. (2004). Post-termination contact: a survey of prevalence, characteristics, and analyst attitudes. *Journal of the American Psychoanalytic Association, 52*(2), 455-57.

Capítulo 4

Ética e publicações de casos psicanalíticos
Ética e publicações de casos psicanalíticos

Quando desejam publicar material de casos, os psicanalistas enfrentam o dilema de obter o consentimento informado dos pacientes para a utilização do material ou de disfarçar suficientemente o material para manter a confidencialidade. Esta regra vem das Normas Aplicáveis aos Princípios Éticos para Psicanalistas da Associação Psicanalítica Americana (2007). **A Secção IV, Número 6**, sob o segundo título **Standards Applicable to the Principles of Ethics for Psychoanalysis (Normas Aplicáveis aos Princípios Éticos para a Psicanálise)** desta publicação define o consentimento informado como a descrição pelo psicanalista do objetivo da utilização do material (por exemplo, a publicação numa revista psicanalítica), o direito do paciente de recusar o consentimento ou de retirar o consentimento numa data posterior, e os potenciais benefícios e riscos para o tratamento do paciente. Se o paciente for menor de idade, o analista deve informar os pais ou o responsável principal pela criança, bem como fornecer o consentimento informado à criança, se esta tiver idade para o compreender.

Nos **Princípios Gerais Orientadores** da **Secção IV - Confidencialidade** desta publicação, afirma-se que se o material do caso for publicado ou trocado na comunidade científica por um analista e não for solicitado o consentimento informado, o analista deve disfarçar a identidade do paciente para que ninguém que ouça ou leia o material possa identificar o paciente, nem mesmo o próprio paciente. Outros países também têm regras ou diretrizes para manter o sigilo dos pacientes. Estas regras foram estabelecidas para proteger os pacientes e, ao mesmo tempo, permitir que a comunidade científica beneficie da partilha de conhecimentos e experiências.

No passado, com ou sem regras e diretrizes para os proteger ou esforços por parte dos analistas para ocultar as verdadeiras identidades, os pacientes foram identificados em publicações de estudos de caso. Tomemos Freud, por exemplo, que afirmou: "Assim, torna-se dever do médico publicar o que acredita saber sobre as causas e a estrutura da histeria, e torna-se uma covardia vergonhosa de sua parte negligenciar fazê-lo, desde que possa evitar causar danos pessoais diretos ao único paciente em questão (Freud, 1905, p. 8). Para evitar prejudicar uma de suas pacientes, Freud (1905) descreveu as medidas extensivas que tomou para ocultar a identidade dela ao publicar seu caso. Essas precauções incluíam mudar o local do tratamento, 34

mudar o nome da paciente, esperar quatro anos após o fim do tratamento para enviar para publicação, publicar num fórum que ele acreditava que nenhum leitor conheceria a pessoa, e escrever sobre material que a paciente já conhecia, caso ela própria o lesse. No entanto, a verdadeira identidade da maioria dos estudos de caso de Freud (a Criança, Frau Cecille, Dora, o Homem Lobo, Irma, o Homem Rato, Frau Emma, Pequeno Hans, Katharina e Elisabeth von R. [Michels, 2000]) é conhecida hoje em dia, e alguns, pelos próprios pacientes, como é o caso de Dora.

Apesar de Dora ter sido relatada como orgulhosa por ter sido objeto de um escrito do seu analista depois de o ter lido (Aron, 2000), nem todos os pacientes podem reagir de forma tão amena. Por outras palavras, existem riscos inerentes ao paciente, independentemente do método utilizado para manter a confidencialidade: consentimento ou disfarce, especialmente no mundo tecnológico de hoje, onde é muito fácil encontrar material escrito na Internet. No entanto, também podem ocorrer riscos sem que o doente encontre e leia o material publicado de que pode ser objeto. Este capítulo discute os riscos envolvidos para o doente e para o seu tratamento que podem resultar do facto de o doente ser objeto de uma publicação de investigação.

O primeiro risco é o espaço intersubjetivo entre o analista e o paciente que existe no tratamento. A partir do momento em que o analista começa a pensar num projeto de investigação, começa a olhar de forma diferente para cada um dos seus pacientes na procura de possíveis sujeitos. Quando o(s) sujeito(s) é(são) escolhido(s), o analista não pode deixar de alterar a sua forma de escutar o(s) paciente(s) e os processos de pensamento daí resultantes relacionados com a ideia do(s) paciente(s) que agora é(são) objeto de investigação (Crastnopol, 1999). Lipton (1991, como citado por Michel, 2000) relatou que "as minhas próprias necessidades interferiram com o estado analítico neutro que eu pensava estar a manter" (p. 973). Os pacientes sensíveis podem, consciente ou inconscientemente, notar uma diferença no analista e ter reacções em conformidade. Portanto, a introdução da possibilidade de pesquisa (incluindo estudos de caso) no processo analítico altera o processo analítico.

Outros riscos podem ocorrer como resultado da tentativa do analista de disfarçar dados de identificação no relatório do caso. Se o material não for suficientemente disfarçado, existe
o risco de quebra de confidencialidade (Freud, 1905; Goldberg, 1997; Lipton, 1991). No entanto, se
se o disfarce for demasiado espesso, os pormenores e os "factos" do caso podem ser deturpados (Goldberg, 1997) e a integridade da publicação pode ser afetada (Lipton, 1991). Além disso, é difícil identificar com precisão quais os pormenores que são cruciais e quais os que podem ser irrelevantes, mesmo para o autor/analista (Goldberg, 1997). No entanto, há outros que acreditam que é possível disfarçar adequadamente um caso mantendo a integridade do trabalho (Arons, 2000; Clifft, 1986; Davidson, 1957; Furlong, 1998; Gabbard, 1997, 2000; Goldber, 1997; Klumpner & Frank, 1991; Renik, 1994; Shapiro, 1994; Stein, 1988).

Com todos os riscos que podem ocorrer se o material do caso for disfarçado, pode parecer lógico obter o consentimento do paciente. Alguns psicanalistas argumentaram que não é ético não obter o consentimento (Michels, 2000; Reiser, 2000; Smith, 1995; Stoller, 1988). No entanto, há também riscos para o paciente e para o tratamento inerentes à obtenção do consentimento. Se a autorização for pedida ao doente durante o tratamento, o pedido pode ser sentido como uma intrusão no tratamento (Michels, 2000). Se o paciente for abordado depois de o tratamento ter terminado naturalmente, o pedido pode ser sentido como uma intrusão na vida do paciente (Michels, 2000) e pode exigir uma reentrada no tratamento com o mesmo analista, o que pode não ser possível (Lipton, 1991). Lipton relatou ter tentado os dois métodos de calendarização do pedido e ter-se sentido desconfortável com ambos. No entanto, Stoller (1988) relatou sentir-se à vontade para pedir consentimento a todos os pacientes sobre os quais escreveu e que nenhum deles recusou ou retirou o consentimento. Uma solução pode ser pedir autorização no início do tratamento (Goldberg, 1997; Lipton, 1991; Michels, 2000); no entanto, o doente pode mudar de ideias, esquecer-se de que concordou logo no início, ou recusar devido à falta de capacidade para desenvolver uma relação de confiança num período de tempo tão curto (Aron, 2000). Lipton (1991) afirmou que de 15 dos seus colegas analistas, aproximadamente 50% deles pediram autorização aos pacientes para publicar o material dos seus casos e apenas um respondeu de forma negativa. De 30 psicanalistas inquiridos nos EUA, 15 referiram que pediam consentimento antes de publicar material de casos, oito referiram optar por disfarçar a informação do paciente antes de publicar, e sete analistas usaram uma mistura de ambas as técnicas (Kantrowitz, 2002).

Pedir consentimento durante o tratamento pode representar riscos adicionais e mais profundos para o paciente e para o tratamento, quer o paciente concorde ou recuse. A questão foi colocada e, assim, introduziu uma necessidade do analista, que é diferente do tempo livre do analista ou dos ajustes de honorários (Stoller, 1988). Na experiência desta analista, o facto de a analista ter necessidades tais como uma determinada taxa de honorários e de pagamento, a necessidade de cumprir ou encaixar no seu horário, o tempo livre, etc., colocou problemas a todos os seus pacientes em algum momento durante o processo analítico. A necessidade de publicar o material de um doente para ganhar notoriedade ou partilhar informações é um tipo diferente de necessidade que envolve o doente de uma forma mais pessoal e direta. Os doentes podem ter muitas reacções diferentes a este pedido/necessidade, que podem incluir sentir-se explorados, deixados para trás, competitivos, receosos, expostos, curiosos, entre outros. Seria importante que estes sentimentos (que também podem ser de natureza transferencial) fossem explorados e trabalhados, de modo a não atrapalharem a análise, mas a tornarem-se parte dela. Há factores que podem influenciar a decisão de um doente de consentir livremente, como a transferência (Aron, 2000; Gabbard, 2000; Goldberg, 1997; Stoller, 1988; Tuckett, 2000). Outras questões inconscientes podem incluir a necessidade de se sentir especial, o desejo de obedecer, o exibicionismo, o masoquismo ou o desejo de agradar (Kantrowitz, 2002).

Kantrowitz (2002) descobriu que alguns dos analistas inquiridos se sentiram culpados por terem pedido autorização e, como resultado, tornaram-se ainda mais intrusivos no processo de tratamento. Se um analista faz um pedido, o analista pode estar à escuta de derivados do pedido e analisá-los com zelo, resultando em mais intrusão (Kantrowitz, 2002). Por outro lado, outros analistas no inquérito de Kantrowitz afirmaram que viam a introdução do pedido como uma encenação e, como resultado, acreditavam que limitavam a sua exploração. Quando o pedido era feito no final do tratamento, alguns analistas relataram que o pedido interferia com os processos de terminação e questões de separação (Kantrowitz, 2002). Se o pedido de consentimento for negado, a contratransferência do analista pode tornar-se um problema no processo analítico se levar a encenações se não for trabalhada em supervisão.

O que pode acontecer se um doente ler o material escrito sobre si próprio? Se não lhe foi pedido o consentimento, o doente pode sentir-se traído (Kantrowitz, 2002). Este sentimento de traição pode transformar uma experiência analítica positiva numa negativa (Person, 1983; Stoller, 1988). Mesmo que o paciente conceda o consentimento, ele pode tender a intelectualizar o tratamento depois de ler sobre ele (Aron, 2000; Lafarge, 2000). Ou, o paciente pode ler informações que revelam informações sobre o analista e sentir-se culpado por saber informações que acha que não deveria saber (Berman, 1995) ou vivenciar as informações como uma intrusão na análise (Crastnopol, 1999; Stoller, 1988). O enquadramento analítico pode ainda ser perturbado pelo facto de o analista se envolver no processo de escrita, que pode transformar-se numa encenação de transferência e contratransferência (Feiner, 1996). O paciente pode ter sentimentos sobre o material lido e escrito sobre si mesmo e não se sentir confortável em discuti-lo, especialmente se o consentimento não foi solicitado e o paciente não quer que o analista saiba que ele o leu. Ou, os sentimentos do paciente sobre o material podem mudar no decorrer do tratamento (Crastnopol, 1999; Stoller, 1988).

Com o advento das publicações e do uso de melhores práticas, o campo da psicanálise fez um esforço para documentar a eficácia de suas várias intervenções por meio da publicação de pesquisas mais quantitativas em vez de qualitativas, para que seus resultados pudessem ser generalizados. Para serem generalizáveis, os resultados têm de ser realizados com um elevado nível de rigor experimental (ou seja, a utilização de um grupo de controlo, numerosos sujeitos para que o estudo possa ser aleatório) (Precin, 2011). Devido à natureza do tratamento psicanalítico, o rigor experimental de nível I (estudo experimental, controlado e aleatório) é difícil de obter, especialmente se realizado por um analista como único autor. Por isso, alguns institutos de formação psicanalítica assumiram a responsabilidade (ou a missão desde o início, como no caso do Institute for Psychoanalytic Training and Research) de publicar pesquisas quantitativas com rigor de Nível I. Para o fazer, os institutos devem obter o consentimento informado dos seus pacientes. Para alguns institutos de formação (institutos psicanalíticos afiliados a hospitais que formam médicos residentes, como o Columbia Psychoanalytic Institute e o Post-Doctoral Analytic Training Institute da Universidade de Nova Iorque), a obtenção do consentimento dos pacientes para utilizar o seu material para fins de formação e educação é secundária

natureza. No entanto, noutros institutos, a obtenção do consentimento informado de todos os doentes durante a entrevista de rastreio causou muita controvérsia.

Por vezes, existem divergências internas nos institutos psicanalíticos quanto à necessidade ou não de solicitar o consentimento dos pacientes para publicar e efetuar investigação. Por vezes, o grupo de investigação afiliado a um instituto psicanalítico será a favor não só de pedir ao instituto que obtenha o consentimento informado durante a entrevista, mas também de pedir autorização para utilizar a base de dados existente com informações sobre os pacientes, para que possam ser efectuados estudos analíticos retrospectivos em grande escala. Muitas vezes, o Conselho de Administração vota no sentido de não permitir que a base de dados do instituto seja utilizada para projectos de investigação em grande escala e de não solicitar o consentimento informado antes do início do tratamento.

Existem frequentemente várias razões para que um Conselho de Administração não aprove a utilização da base de dados do seu instituto para fins de investigação. Um dos deveres da Direção é proteger e defender as missões primárias da instituição. Se o instituto não se baseia na investigação, a sua missão inclui normalmente a prestação de terapia psicanaliticamente informada a indivíduos e a formação de futuros psicanalistas, não necessariamente a divulgação de resultados de investigação em grande escala. Para muitos psicanalistas, a ideia de utilizar a informação dos pacientes armazenada na base de dados de um instituto pode parecer pouco ética e intrusiva, mesmo que sejam tomadas precauções para ocultar as identidades dos investigadores e dos leitores. Os membros dos institutos podem acreditar que a sua base de dados foi iniciada e mantida por uma razão totalmente diferente da finalidade de investigação e que deve permanecer assim. Outra preocupação pode ser o facto de, mesmo que sejam tomadas precauções para ocultar a identidade, os analistas de investigação poderem conhecer os doentes da base de dados pela informação contida nas suas fichas clínicas. Muitos doentes da base de dados são ou foram analisandos cuja identidade pode ser fácil de adivinhar. No entanto, este pode ser um debate contínuo, uma vez que muitos grupos de investigação têm a forte convicção de que, a menos que o instituto possa justificar o seu tratamento sob a forma de estudos experimentalmente rigorosos, o instituto e o campo da psicanálise podem estar em perigo.

Em comparação com outras áreas da ciência e profissões relacionadas com a saúde, a psicanálise tem muito poucas instituições de ensino que ofereçam programas de doutoramento que exijam dissertações completas e que tenham muitos estudantes atribuídos a orientadores com

agendas de pesquisa estabelecidas. Sem essas instituições, os psicanalistas têm grandes obstáculos para publicar pesquisas quantitativas de melhores práticas (por exemplo, tempo, financiamento, acesso a grandes populações, obtenção de um tamanho de amostra adequado e crenças teóricas mistas, para citar alguns).

Em resumo, este artigo discutiu alguns dos riscos documentados que podem ocorrer quando um analista decide publicar material sobre casos. O documento não discutiu os benefícios para o paciente, embora alguns analistas afirmem acreditar que, para além da divulgação de histórias de casos e de material analítico à comunidade científica para promover a profissão (o que pode eventualmente ajudar os pacientes), não há benefícios para os pacientes (Kantrowitz, 2002). No entanto, existe certamente uma grande quantidade de estudos de caso publicados, apresentações em conferências, composições e vinhetas curtas na literatura por analistas que devem ter conseguido resolver questões relacionadas com o material do caso. Também foi enumerado um debate sobre a utilização ou não da base de dados de um instituto psicanalítico para fins de investigação. Embora alguns institutos se oponham e não o permitam, outros, especialmente os grandes institutos de formação médica, estão preparados para recolher dados analíticos contínuos para uma investigação experimental rigorosa. Esta investigação pode ajudar a informar a comunidade científica e os terceiros reembolsadores sobre a eficácia das diferentes formas e procedimentos de tratamento psicanalítico e, assim, estabelecer a validade do trabalho que os psicanalistas têm vindo a fazer desde sempre. Desta forma, a investigação, quer se trate de um estudo individual caso a caso ou de um projeto experimental em grande escala, pode continuar a permitir que o campo da psicanálise seja uma profissão de ajuda reembolsável, competitiva e viável.

Referências

Associação Psicanalítica Americana. (2007). Normas aplicáveis aos princípios de ética para psicanalistas. Recuperado de: http://ethics.iit.edu/ecodes/node/3722

Aron, L. (2000). Considerações éticas na redação de histórias de casos psicanalíticos. *Psychoanalytic Dialogues, 10,* 231-245.

Berman, E. (1995). Sobre a análise de colegas. *Contemporary Psychoanalysis, 31,* 521-539.

Clifft, M. A. (1986). Escrever sobre pacientes psiquiátricos. *Bulletin of the Menninger Clinic, 50,* 511-524.

Crastnopol, M. (1999). O self profissional do analista como uma "terceira" influência na díade - quando o analista escreve sobre o tratamento. *Psychoanalytic Dialogues, 9,* 445-470.

Davidson, H. A. (1957). *Guide to medical writing: A practical manual for physicians, dentists, nurses, pharmacists.* Nova Iorque: Ronald Press.

Feiner, A. (1996). Enfeitiçado, incomodado e desnorteado: Algumas questões centrais na psicanálise interpessoal. *Contemporary Psychoanalysis, 32,* 411-425.

Freud, S. (1953/1905). Fragmento de uma análise de um caso de histeria. *Standard Edition, 7.* Londres: Hogarth Press.

Furlong, A. (1998). Devemos ou não devemos? Alguns aspectos da confidencialidade dos relatórios clínicos e do acesso aos dossiers. *International Journal of Psychoanalysis, 81,* 1071-1086.

Gabbard, G. O. (1997). Histórias de casos e confidencialidade. *International Journal of Psychoanalysis, 78,* 820-821.

Goldberg, A. (1997). Escrevendo histórias de casos. *International Journal of Psychoanalysis, 78,* 435-438.

Kantrowitz, J. L. (2002). Escrever sobre pacientes: I. Formas de proteção da confidencialidade e conflitos dos analistas sobre a escolha do método. *Journal of the American Psychoanalytic Association, 52*(1), 69-98.

Klumpner, G. H., & Frank, A. (1991). Sobre métodos de relato de material clínico. *Journal of the American Psychoanalytic Association, 39,* 537-551.

Lafarge, L. (2000). Interpretação e contenção. *Revista Internacional de Psicanálise, 81,* 67-84.

Michels, R. (2000). A história do caso. *Journal of the American* Lipton, E. L. (1991). O uso de dados clínicos pelo analista e outras questões de confidencialidade. *Journal of the American Psychoanalytic Association, 39,* 967-985.

Michels, R. (2000). A história de caso. *Journal of the American Psychoanalytic Association, 48,* 355-375.

Person, E. S. (1983). Women in therapy: Therapists gender as a variable. *International Review of Psychiatry, 10,* 193-204.

Precin, P. (2011). Avaliação dos serviços de terapia ocupacional. Em McCormack, G, & Jacobs, K. (eds.), *Occupational Therapy Manager.* Albany, NY: American Occupational Therapy Association Press, 407-421.

Reiser, L. W. (2000). "O material de escrita". *Journal of the American Psychoanalytic Association, 48,* 351-354.

Renik, O. (1994). Publicações de factos clínicos. *Revista Internacional de Psicanálise, 75,* 1245-1250.

Shapiro, T. (1994). Factos psicanalíticos: Da mesa do editor. *International Journal of Psychoanalysis, 75,* 1225-1232.

Smith, R. (1995). Publicar informação sobre os doentes: Time to change from guarding anonymity to getting consent. *British Medical Journal, 311,* 12401241.

Stein, M. H. (1988). Escrever sobre psicanálise: II. Analistas que escrevem, pacientes que lêem. *Journal of the American Psychoanalytic Association, 36,* 393-408.

Stoller, R. J. (1988). A resposta dos pacientes ao seu próprio relato de caso. *Journal of the American Psychoanalytic Association, 36,* 371-391.

Tuckett, D. (2000). Editorial: Reporting clinical events in the Journal: Toward the construction of a special case. *International Journal of Psychoanalysis, 81,* 1065-1069.

Aplicação da teoria psicanalítica à perturbação dissociativa da identidade

Aplicação da teoria psicanalítica à perturbação dissociativa da identidade

Este capítulo aplica a teoria psicanalítica a um caso de Perturbação Dissociativa da Identidade. A teoria psicanalítica dos autores Grotstein, Klein, Kohut, Krystal, Searles, Shengold e Winnicott será aplicada à paciente O., que foi tratada num centro psiquiátrico de internamento nos EUA segundo o modelo médico. O historial de O. será descrito, seguido de uma descrição do seu tratamento em regime de internamento. É apresentada uma revisão da literatura psicanalítica sobre auto-estados/múltiplas personalidades. São discutidos possíveis tratamentos psicanalíticos.

Estudo de caso

Conheci O. quando ela foi internada numa unidade de internamento psiquiátrico onde eu trabalhava como membro de uma equipa interdisciplinar de profissionais. Nessa altura, O. era uma mulher caucasiana de 26 anos, solteira, que vivia na rua sem amigos. Esta foi a sua primeira hospitalização psiquiátrica e foi encaminhada pelo seu terapeuta de ambulatório, com quem tinha recebido psicoterapia durante dois anos. Quando O. chegou à unidade, parecia desgrenhada e emaciada, com queimaduras e cortes nas costas, braços e pernas. O. explicou que tinha passado recentemente por momentos difíceis. Estava confusa e preocupada por não saber que horas eram ou o que se estava a passar. Sentia que já não conseguia funcionar sozinha. Parecia estar deprimida, frágil, exausta, ansiosa, com medo e sobrecarregada.

O. relatou a seguinte história durante a sua hospitalização psiquiátrica. Ela tinha nascido num culto satânico, uma comunidade clandestina fechada de parentes de sangue que usam o culto satânico para instalar o medo nos seus membros, enquanto vendem e se envolvem em pornografia infantil e vendem e usam drogas. Os líderes são frequentemente profissionais, bem relacionados na sua comunidade, mas cujo segredo permanece desconhecido dos seus colegas e não é denunciado pelos agentes governamentais. O. afirmou que foi escolhida para ser líder da seita devido à sua inteligência e que, por isso, a seita permitiria que ela vivesse.

O facto de ter sido preparada e treinada para ser líder de um culto levou-a a submeter-se aos seguintes métodos desde o dia em que nasceu, de modo a criar nela diferentes estados dissociativos, alguns dos quais foram treinados para existirem no mundo real e outros que foram preparados para servir o culto. A amnésia entre os dois conjuntos diferentes de estados dissociativos existiu nela durante muito tempo, mas começou a manifestar-se nos últimos anos antes da sua hospitalização, o que a levou a consultar um terapeuta. Os métodos de "braincrambling" da sua educação enfatizavam a inconsistência; num dia podia usar a sanita para ir à casa de banho, no dia seguinte era castigada severamente por usar a sanita. Este tipo de confusão induzida e inconsistência de recompensa/punição afectou todas as partes da sua vida, incluindo as suas relações, emoções e comportamentos resultantes, tornando-se um "processo contínuo internalizado" (Shengold, 1989, p. 12). O. era normalmente proibida de estabelecer ligações e vínculos com outros membros do culto. Aos 5 anos, quando ela fez um amigo, aparentemente foi forçada a desmembrar o polegar do amigo e comê-lo, o que ela relatou ter feito. (Este facto pode ou não ter sido verdadeiro. Se não for, pode representar uma fantasia canibal provocada por uma ansiedade canibal em resultado de um medo precoce de ter engolido o "contentor de seios mastigados" [Grotstein, 1985]). Participou em cerimónias satânicas de sacrifício, numa das quais foi instruída a matar o seu próprio bebé, o que ela se lembra de ter feito. O. contou à equipa que nunca foi apresentada aos seus pais biológicos, mas disse que isso não era importante para ela. Sentia-se especial e sortuda por estar a ser treinada para ser líder de um culto. (O. não tinha mais nenhum lugar para procurar alívio e resgate, então precisava ver seus atormentadores como bons [Shengold, 1989]. Alguns dos seus auto-estados dissociados defendiam o culto, como na defesa do superego de Fairbairn). Ela obedecia para agradar (idealização do seu atormentador com separação do tormento, algo semelhante à descrição de Shengold da paciente A. [1989]) e para evitar morrer como os outros. Era a sua vida, abusiva como era. (A meio da sua estadia no hospital, ela disse: "Já não quero ser uma líder.") Outros métodos de "assassinato da alma" consistiam em drogar; confinamento solitário; engano; fome; abuso emocional, físico e sexual; e suportar temperaturas extremas, aplicadas de forma inconsistente (sem previsibilidade, 45

causa, ou efeito) pelos anciãos do culto. Lembra-se de ter sido vendada muitas vezes e

levada para um sítio com vacas na parte de trás de um camião. Ela sabia que algo de

mau relacionado com sangue acontecia sempre ali, mas só se lembra de um aspeto

reconfortante - dormir dentro de uma vaca acabada de cortar. Isso fazia-a sentir-se

quente. Nunca lhe davam a mesma comida ou a mesma quantidade de comida numa

determinada altura. Nunca dormia no mesmo sítio, nem tinha coisas suas. O único hábito

que desenvolveu foi a dissociação profunda em diferentes estados do eu, o que fazia

assim que esta defesa era mobilizada.

Tratamento psiquiátrico em regime de internamento

Na fase inicial do seu tratamento, O. foi encorajada a alternar entre diferentes

estados dissociativos para que diferentes estados pudessem emergir e transmitir as suas

experiências sem danificar o seu corpo. Surgiram mais de 55 estados dissociativos

distintos. Alguns estados apoiavam-se uns aos outros, enquanto outros competiam entre

si pelo domínio do corpo de O. para serem ouvidos e produzirem acções motoras.

Muitos deles eram amnésicos entre si, mas à medida que o núcleo se tornava mais

consciente dos estados dissociados e das suas experiências e opiniões, foram criados

estados associativos adicionais como defesa, o que resultou numa desintegração mais

profunda. O paciente ficou sem esperança e precisou de ajuda para gerir, manter e conter

estes múltiplos estados dissociativos. Isto foi conseguido fazendo um mapa ecográfico

com O. dos seus estados dissociativos e das suas ligações entre si. Os membros da

equipa referiam-se a cada estado diferente pelo nome (O. tinha-os nomeado) e pediam

que certos estados aparecessem em determinadas alturas. Com a prática, O. ganhou mais

controlo sobre a capacidade de mudar ou não de estado por sua própria vontade. Tornou-

se menos desesperada, menos temerosa, menos defendida e mais capaz de extinguir

alguns dos auto-estados que já não eram necessários. Este processo durou oito meses e

foi reforçado por produções nocturnas copiosas de arte em pastel, que deram expressão a

auto-estados não dominantes e/ou não verbais.

O processo a mais longo prazo de "spinning down" ou integração dos estados

dissociativos é extremamente ameaçador para cada estado do self porque, de acordo com

Grotsein referindo-se às personalidades múltiplas (1985), elas têm uma vontade própria e um impulso para manter os seus próprios objectivos e agendas e o núcleo é resistente a experimentar o horror que outrora conheceu. Searles, no seu trabalho com esquizofrénicos, descreveu uma proteção patológica contra a perda em que o paciente "não pode abandonar relações interpessoais incompatíveis entre si, não pode enfrentar a perda de nenhuma dessas relações, porque não se atreve a enfrentar a ameaça à sua identidade pessoal que a ansiedade de separação e o luto que a acompanham trariam" (1959, p. 325). Além disso, os auto-estados que eram leais ao culto tinham uma necessidade desesperada de permanecer ligados à promessa de recompensa (através de ser um líder/o favorito/o escolhido) pelos anciãos, ou seja, de receber amor dos anciãos, o que Shengold (1989) afirma ser uma fonte de grande resistência à terapia. As interpretações da realidade ameaçam a dissolução dos anciãos idealizados e da vida no culto, resultando no medo da aniquilação e na sua ansiedade traumática (Shengold, 1989). Ficar bem, para Searles, significava que o paciente precisava de regressar à relação simbiótica (1961). Uma vez que O. já era simbiótica com o culto, ela precisava de transferir a sua relação com o culto para uma relação mais saudável com a unidade/funcionários psiquiátricos e depois com o seu terapeuta em ambulatório. Só então ela poderia começar a se curar e se diferenciar. Para continuar este processo, O. teve alta para um novo apartamento e retomou o tratamento com o seu terapeuta anterior (que também tinha sido vítima de um culto satânico). O facto de O. ser tratada por uma vítima de abuso de um culto satânico pode não ter sido uma coisa boa devido à possibilidade de enredamento, sobre-identificação, contra-transferência re-traumatizante e sugestão inconsciente, no entanto, esta foi a única pessoa com quem O. conseguiu manter uma relação. Assim, quando O. foi novamente hospitalizado numa data posterior, O. foi novamente encaminhado para este terapeuta aquando da alta).

A contra-transferência da unidade era muito forte. Muitos funcionários pareciam ter medo de O., com medo de que ela se tornasse violenta para com eles, com medo de não serem capazes de lidar com um novo estado de self que emergia espontaneamente, com medo de magoar O. nos seus estados extremamente frágeis. O. era incontrolável e imprevisível, tal como a sua vida sempre tinha sido. Os outros funcionários olhavam-na como se ela fosse um animal enjaulado. Alguns funcionários envolveram-se demasiado. É certo que a maior parte das reuniões de pessoal eram consumidas com discussões sobre O., e os outros doentes da unidade reagiam como se estivessem a ser negligenciados. Alguns membros da equipa não acreditavam no culto satânico, mas acreditavam que a doente

tinha sido gravemente traumatizado e estava muito doente em consequência disso. No
início, alguns membros do pessoal não acreditavam na perturbação dissociativa da
identidade como diagnóstico para ninguém, mas assim que viram O. mudar, o que
acontecia frequentemente, ficaram convencidos de que este diagnóstico era viável e
apropriado para descrever a estrutura defensiva de O. Muitos membros da equipa
sentiram medo de que o culto viesse para o hospital e/ou os perseguisse fora do hospital.
Geralmente, os membros do culto não ficam felizes quando alguém vaza informações. O
terapeuta ambulatório de O. relatou ameaças de morte (supostamente do culto) e
recusou-se a falar com a equipa sobre o tratamento de O.. A unidade também receava
que o culto tentasse contactar O. através do telefone ou de cartões com símbolos ou
palavras que desencadeassem o seu auto-estado de envolvimento com o culto para fugir
do hospital e regressar ao culto (uma prática comum do culto), pelo que não eram
permitidos telefonemas, correio ou visitas a O.. Parece que, a certa altura, toda a unidade
se tornou paranoica - identificação projectiva? Talvez isto seja semelhante à fase de
simbiose ambivalente de Searls, que deve ocorrer quando se trata de um paciente
esquizofrénico crónico (1965), ou seja, as fronteiras da unidade tornaram-se mais fracas
e os terapeutas regrediram para uma relação simbiótica como uma defesa inconsciente
contra sentimentos ambivalentes e intensos provocados pelo paciente. Os terapeutas
ficaram enredados na desdiferenciação de O. e nos seus fragmentos de ego.
Gradualmente, a unidade passou de uma posição esquizoide kleiniana (1952) para uma
posição depressiva, quando nenhum dos membros do culto apareceu no hospital com a
intenção de fazer mal. Isto levou à depressão devido à perda de uma parte da sua
capacidade de se defender. Isto levou à depressão devido à perda da crença de que o
culto existia por parte de alguns dos membros do pessoal que anteriormente acreditavam
na sua existência.

Muitos dos membros da equipa expressaram ter fantasias de salvamento e um
desejo mórbido de desvendar as camadas mais profundas da sua psique e os pormenores
do trauma que sofreu. No entanto, O. estava de tal forma defendida que, ao sofrer
qualquer stress emocional, mudava de personalidade (perturbação da tolerância aos
afectos caraterística do trauma [Krystal, 2015]). Penso que não teria sido possível ir

demasiado fundo. Lembro-me de ter ficado impressionada com a força global de O. no seu todo. Individualmente, as suas personalidades eram ou fracas, depressivas ou agressivas; todas careciam gravemente de competências sociais. Mas, no geral, O. exibia uma força e uma complexidade que eu nunca tinha visto antes, necessárias para a sua sobrevivência física e emocional. Eu admirava-a por isso.

Múltiplas Personalidades/Estados do Eu vistos através da literatura psicanalítica

As múltiplas personalidades/estados próprios de O. podem ser explicadas por vários teóricos psicanalíticos. Existem poucos trabalhos analíticos que abordam especificamente o diagnóstico de perturbação dissociativa da identidade, tal como definido pelo modelo médico ou DSM V (2013), ou de perturbação de personalidade múltipla (a mesma perturbação, nome diferente), tal como definido pelo modelo médico ou DSM IV TR (2000), mas a descrição de Shengold do assassínio da alma e das consequentes divisões verticais compartimentadas (1989) aproxima-se do trauma repetitivo contínuo e da privação emocional de O., deliberadamente executados pelos membros do culto satânico para as suas próprias necessidades, e das consequentes divisões verticais da personalidade. Estas "divisões isoladas da mente" (Shengold, 1989, p. 26) impediram que fragmentos contraditórios dos anciãos de O. e também fragmentos contraditórios de si própria se fundissem, permitindo-lhe sobreviver emocionalmente na situação abusiva. A afirmação de Nietzsche mencionada por Shengold (1989), a pior forma de escravatura é o escravo que não se apercebe que é escravo, exemplifica a cisão, a negação e a idealização, possíveis elementos pré-requisitos na formação dos múltiplos auto-estados/personalidades de O.. Outro pré-requisito foi a lavagem cerebral (no caso de O., gosto de me referir a ela como uma confusão cerebral, uma vez que ela nunca teve um cérebro desenvolvido de forma saudável para "lavar"), pois, de acordo com Shengold (1989), a lavagem cerebral é inerente ao assassinato de almas e, no caso de O., o culto administrava especificamente a lavagem cerebral como uma técnica para induzir diferentes estados pessoais entre os seus líderes selecionados.

De acordo com Klein (1952), O. ainda se encontra na posição esquizoide. Ela pode ter argumentado que o instinto de morte de O. deu origem ao medo de aniquilação e que os seus impulsos destrutivos dirigidos aos anciãos do culto despertaram o medo de retaliação, sendo ambos intensificados pelo trauma externo. O. sentiu-se atacada por forças hostis (ela era!), pelo que desenvolveu ansiedade persecutória. Para se defender do sentimento de perseguição por objectos maus, O. precisava de separar os introjectos bons dos maus, o que é natural desde cedo,

mas o ego [alma assassinada] de O. nunca foi capaz de sintetizar esta cisão devido a uma quantidade avassaladora de estimulação externa. Uma segunda defesa usada na posição esquizoide é a identificação por projeção, mas em vez de O. projetar os seus maus introjectos cindidos num objeto externo e depois identificar-se com eles e reinternalizá-los, ela tornou-se nesses introjectos. Klein pode ter afirmado que o superego de O., composto por introjectos do seio/culto, estava subdesenvolvido e era bastante punitivo. E era punitivo. Os diferentes estados do self estavam constantemente a punir-se uns aos outros por terem crenças contraditórias (ambivalentes). A personalidade central de O. era muito pura: queria ser virgem, usava sabão de marfim para lavar a roupa e estava cheia de culpa por não conseguir controlar as outras personalidades que prejudicavam o corpo tomando drogas, auto-mutilando-se e prostituindo-se fora e dentro do culto.

Winnicott (1985) pode ter explicado o estado de O. como resultante da falta de uma mãe suficientemente boa. Que eufemismo no caso de O.. O resultado é que O. nunca chegou a existir por causa de uma falta de continuidade do ser. Em vez disso, os seus auto-estados foram estruturados em reacções ao impacto ambiental. Ele pode ter comparado o seu diagnóstico com o de uma psicose infantil em que o id é externo ao ego e pode ameaçar a estrutura do ego.

Aplicando a teoria de Kohut (1975), o self de O. não foi estabelecido ou consolidado de forma segura devido às respostas não empáticas dos mais velhos. O. não foi capaz de formar uma relação de fusão com um objeto idealizado e uma relação de espelhamento pelo ego-objeto de um self grandioso (Kohut, 1975). Por conseguinte, os rudimentos do self nuclear não foram integrados e não se formou um gradiente de tensão energética entre as suas ambições e ideais. O. pode ter tido dificuldade em abandonar o seu envolvimento no culto devido ao medo de uma desintegração permanente de si mesma, que, em termos kohutianos, resultaria da perda de um intenso enredamento arcaico com o self-objeto. O. certamente demonstrou quantidades copiosas de ansiedade flutuante, ansiedade, de acordo com Kohut, que pode ter sido uma ansiedade de desintegração decorrente da antecipação da rutura do self.

Searles (1959 & 1961) descreveu uma desdiferenciação regressiva para um estado de ego mais primitivo em que o paciente esquizofrénico não consegue distinguir entre 50 O. tinha dificuldade em diferenciar os seus mundos interior e exterior devido a fronteiras do ego instáveis e incompletas. O. tinha dificuldade em diferenciar não só os seus mundos interno e externo, mas também as suas personalidades verticalmente divididas. O. não regrediu a um estado de ego mais primitivo. Ela nunca desenvolveu um mais avançado. O seu ego continha "inúmeras ilhas [personalidades múltiplas] que não estão ligadas discernivelmente umas às outras" (Searles, 1959, p.318). Searles acrescentou que muitos pacientes esquizofrénicos não conseguem distinguir entre percepções actuais e memórias. Esta incapacidade de distinguir tornaria difícil dizer se o relato de O. da sua experiência passada era ou não exato, mas o que importa é a sua experiência atual do trauma passado. Alguns membros da equipa sentiram a necessidade de não acreditar nos seus relatos, mas talvez isso fosse uma medida defensiva contra o horror que ela projectava.

De acordo com Searles (1959), como O. ainda não se tinha diferenciado, não estava integrada. É evidente que o id, o ego e o superego de O. não estavam bem desenvolvidos e não estavam bem integrados uns com os outros. O seu id continha uma enorme raiva contra os mais velhos, que ela só conseguia exprimir através da identificação com o algoz (o assassínio sádico do seu bebé e a ingestão do polegar da sua amiga depois de o ter cortado) e do masoquismo (cortar-se a si própria e outros comportamentos auto-destrutivos). Desta forma, o seu id era uma ameaça constante para o seu ego central.

Ainda mais destrutivo para o seu ego desintegrado era o superego desintegrado, duro e inconsistente de O., criado a partir das imagens sádicas dos mais velhos e caraterístico do comportamento dos mais velhos em relação a ela.

Ao examinar o funcionamento do ego de O. no que diz respeito à orientação emocional para outra pessoa e ao substituir a palavra "sentimentos" por "personalidades" na seguinte citação de Searles (1959, p.319):

"...as suas reacções [do paciente] a esta última [a outra pessoa] são, em vez disso, uma mistura descoordenada de sentimentos ambivalentes - sentimentos que irrompem subitamente, ou que se tornam subitamente indisponíveis para ele através da repressão, de uma forma que limita severamente a possibilidade de desenvolver uma relação interpessoal contínua e integrada."

obtemos:

"...as suas reacções [do paciente] a esta última [a outra pessoa] são, em vez disso, um conjunto descoordenado de personalidades ambivalentes - personalidades que irrompem subitamente, ou que se tornam subitamente indisponíveis para ele através de" cisão (em vez de "repressão"), "de uma forma que limita severamente a possibilidade de ele desenvolver uma relação interpessoal contínua e integrada".

Isto era verdade para O. Quando falava com O., ela mudava frequentemente de estado dissociativo, portanto de tópicos, estados de espírito e comportamentos, o que resultava em interações sociais extremamente desarticuladas, até que o pessoal aprendesse sobre o que ela estava a defender e pudesse começar a tecer um fio de ligação através das suas interações verbais e ajudá-la a dar-lhes algum sentido. Em resultado da sua desintegração, O. tinha dificuldade em dar sentido às suas experiências de vida ao longo do tempo, em funcionar e em gerir o tempo, tal como referiu na sua queixa inicial na unidade de internamento.

Searles (1959) postulou que a causa da desintegração e desdiferenciação era o facto de ter sido criado por uma mãe precariamente integrada e ansiosa. Os líderes do culto também tinham sido submetidos a uma confusão cerebral para induzir múltiplas personalidades, por isso, O. foi criado por muitas pessoas precariamente integradas. Não havia diferenças individuais entre os membros do culto. Num minuto um membro do culto estava lá, no minuto seguinte desaparecia e nunca mais era visto sem explicação ou previsão. Assim, de acordo com Searles (1959), O. pode ter crescido pensando em si mesma como indiferenciada do culto em si, daí sua obediência e devoção a ele.

Talvez Grotstein (1985) seja o que mais se aproxima da descrição de múltiplos estados de self/personalidades, como se vê em O., na sua discussão sobre o encerramento prematuro. Grotstein descreve o encerramento prematuro como o processo de cisão extrema que resulta em subpersonalidades, que são aspectos cindidos do self misturados com objectos internalizados, interpessoais e do superego, formados através da identificação e da identificação projectiva, tudo devido a um defeito na barreira repressiva. No entanto, como já foi referido, os múltiplos auto-estados cindidos de O. não existiam juntos sem contradição, como Grotstein refere. Esta divisão extrema minou a capacidade de perceção de O.. Ela 52 era extremamente sensível e perceptiva ao mundo exterior, mas devido ao facto de o seu trauma passado ter afetado o seu estado emocional e neuronal, era excessivamente reactiva aos estímulos ambientais, percebendo frequentemente o perigo quando este não existia. Ela não conseguia fazer uso funcional das suas percepções do ambiente externo, exceto para fugir de uma ameaça percebida para um estado de self diferente, com um ego mais adequado para se defender do perigo percebido. Por conseguinte, as funções de pensamento do ego e a capacidade de funcionar também estavam afectadas.

O trauma de O. parece ter-se originado na infância e continuado durante a idade adulta. A transição de sua forma infantil de trauma para a forma adulta, de acordo com Krystal (2015), pode ter ocorrido quando ela foi capaz de desenvolver funções adequadas do ego e mobilizar as defesas de desrealização, despersonalização e negação.

Muitos dos estados de self de O., por exemplo, Knife, eram violentos como resultado da identificação com o agressor e da sobre-estimulação assustadora (Shengold, 1989). "A tortura e a privação em condições de completa dependência provocaram uma combinação terrível e aterradora de desamparo e raiva - sentimentos insuportáveis que..." (Shengold, 1989, p. 2) no caso de O., se dividiram em aproximadamente quatro auto-estados violentos. Uma vez que O. sofreu ataques agressivos repetitivos crónicos e violações, ela pode ter sexualizado estas experiências como uma defesa contra a sua realidade, mas como resultado reforçou o seu próprio sado-masoquismo. Ao cometer actos violentos contra si própria e contra os outros, O. repetiu as circunstâncias da sua própria infância. Como Shengold (1989) salientou, o trauma é passado de geração em geração, e isto é um culto de sangue. A capacidade de O. para assassinar o seu próprio bebé não é surpreendente, uma vez que ela não experimentou qualquer conceito real de mãe, por isso não se podia sentir como mãe e porque não conseguia ver o seu filho como um indivíduo separado, mas sim como um objeto cuja única importância residia no simbolismo da cerimónia de sacrifício do culto. Shengold (1989) também menciona uma relação entre canibalismo e abuso e negligência repetidos e prolongados, o que explicaria a ingestão do polegar (pénis castrado) por O., após o que a sua anciã afirmou que ela já não precisava do amigo porque o amigo estava agora dentro dela (fronteiras esbatidas). De acordo com 53

De acordo com as crenças de Krystal (2015) sobre agressão reativa, O. pode ter externalizado permanentemente uma parte de seu superego e lutado contra representantes da consciência negativa externalizada quando não precisava, enquanto estava em um ambiente livre de culto. Sua agressão pode ter criado sentimentos de culpa adicionais, especialmente depois que ela revelou histórias sobre o culto, sua família.

Analogia com "Soul Murder" de Leonard Shengold

A análise que se segue do que aconteceu a O. pode ser melhor descrita em termos do "Soul murder" de Shengold (1989). Neste trabalho, ele definiu o homicídio da alma como " ...uma certa categoria de experiência traumática: instâncias de sobre-estimulação repetitiva e crónica, alternando com privação emocional, que são deliberadamente provocadas por outro indivíduo" (pp.16-17). Isto está certamente de acordo com a história de O.. O culto privou-a da capacidade de experimentar o amor e a alegria e de crescer como pessoa individual.

Shengold afirmou que quando uma criança sofre um trauma como o descrito acima no caso de O., são necessárias defesas e descarga para diminuir a intensidade insuportável. As defesas comuns não são suficientes. A defesa de O. foi o uso de múltiplos auto-estados que envolveram profunda divisão, isolamento, identificação, dissociação, amnésia, por vezes identificação projectiva e idealização. A descarga de O. foi a sua capacidade de expressar física e verbalmente a agressão, a dor extrema, as ideias conflituosas e outros sentimentos negativos através de auto-estados cuidadosamente selecionados e de desenhos artísticos a pastel, sem se lembrar deles, o que levou a uma diminuição da culpa. (Muitos pacientes traumatizados não seriam capazes de expressar pensamentos, sentimentos e fantasias negativos). No entanto, devido às cisões e aos múltiplos auto-estados daí resultantes, O. recuou em relação aos sentimentos, infelizmente bons e maus, sendo os mais profundos investidos no assassino da alma.

Shengold afirmou que, para sobreviver a este trauma, a criança deve ter experimentado algum tipo de cuidado físico gratificante e deve ter a necessidade de ser desejada. O. tinha um pouco de ambos. Ela recebeu cuidados "especiais" porque estava a ser preparada para ser uma líder. Todas as outras pessoas do culto acabariam por ser sacrificadas de alguma forma, resultando na sua morte. Ela relatou ter experimentado a perda de

membros do culto com frequência. Ela também tinha a necessidade de ser desejada pelos mais velhos. Queria tornar-se uma líder, ser especial e viver sob o domínio da seita, e um dia dominá-la. Havia outras personalidades com objectivos diferentes. Alguns não tinham conhecimento do culto e queriam obter reconhecimento através do sucesso escolar. Sim, O. frequentou a escola no exterior durante algum tempo (não sei quanto tempo). Isto fazia parte da sua integração na sociedade. O objetivo da seita não era matar completamente a alma de O.. Eles precisavam que ela fosse forte e capaz de funcionar no exterior, bem como de os servir.

De acordo com a caraterização de Shengold de uma alma assassinada, O. tinha dificuldade em registar o que sentia e queria e o que tinha feito e o que lhe tinha sido feito (semelhante às caraterísticas de Krystal de uma pessoa traumatizada [2015]). Demorou muito tempo a obter informação dela, mas a maior parte foi correspondida com um afeto adequado ao que estava a ser discutido. Não se sabe ao certo o que realmente aconteceu e quais foram as experiências que ela não conseguiu relatar. A confusão era evidente na apresentação de O.. O. também tinha a caraterística da necessidade interna de aniquilação. As suas correntes auto-destrutivas foram mencionadas e conduziram a uma necessidade de punição conscientemente distorcida, como se pode ver pelos abusos corporais consistentemente infligidos por alguns auto-estados específicos. Como Shengold mencionou, normalmente a vítima tem um ego forte e dons herdados. O. era extremamente inteligente e, embora tivesse um ego desintegrado, a conglomeração dos seus egos constituía uma defesa forte, que lhe permitia sobreviver e transcender o que a maioria não conseguia. Ela também tinha a caraterística de não ser capaz de diferenciar entre fantasia e realidade devido à qualidade amnésica das estruturas da sua personalidade. Eu expunha frequentemente as obras de arte dos doentes na minha sala de trabalho. O. nunca se lembrava de ter criado a sua obra de arte e não gostava da ideia de eu lhe dizer que ela a tinha feito. Afirmava enfaticamente que não a tinha criado, pelo que deixei de a expor. Esta falta de capacidade de recordar e integrar as suas experiências prolongou-se por toda a sua vida.

Shengold afirmou que a verdade é criada fornecendo conexões e tornando essas conexões memoráveis através da plausibilidade. O. era incapaz de o fazer.

Uma caraterística Shengoldiana proeminente de um assassinato de alma que ainda não foi mencionada é um forte senso de retidão. O culto acreditava coletivamente que tinha o direito de continuar a agir da forma como agia, mesmo sabendo que era errado, o que é demonstrado pelos métodos de encobrimento extensivos e eficazes que, segundo consta, foram utilizados.

Possível tratamento psicanalítico

Para além do tratamento mencionado na secção sobre **Tratamento Psiquiátrico em Regime de Internamento**, há mais pontos a investigar relativamente a possíveis estratégias de tratamento para O. com base na literatura psicanalítica. O tratamento de Shengold (1989) pode ter incluído uma exploração de como as experiências traumáticas de O. influenciaram suas fantasias motivadoras e como estas se relacionam com suas ações, impulsos e experiências. Acredito que O. estava ocupada a sobreviver enquanto estava na unidade de internamento, por isso as suas fantasias, acções, impulsos e experiências centravam-se nisso. Ela estava a lidar com o facto de ter revelado os seus segredos de família a um grupo de estranhos, o que foi traumático por si só. No entanto, com mais tempo, diferentes fantasias e impulsos poderiam ser expressos pelas diferentes personalidades. O tempo que uma pessoa afetada leva a revelar estes segredos é muito longo. Imaginem tentar desvendar isto para mais de 55 estados dissociativos diferentes. Ela era muito complexa. Chega a um ponto em que ir mais fundo com um cliente com perturbação dissociativa da identidade se torna contraindicado.

Quando Grotstein (1985) discutiu o avanço da cisão para a repressão, incluiu a necessidade de confiança num objeto consistente, permitindo à criança utilizar o objeto como um recipiente para os seus sentimentos temporariamente adiados. O desenvolvimento da constância do objeto durante a subfase de reaproximação (posição depressiva de Klein) permite uma mudança da cisão vertical para a cisão horizontal e também uma estratificação da consciência-inconsciência. Após esta realização, diz-se que a repressão sucede à cisão. De acordo com esta sequência de acontecimentos, o primeiro passo de O. para continuar o seu tratamento seria restabelecer a confiança no seu terapeuta ambulatório. Isso pode ser necessário porque o terapeuta a encaminhou para o hospital e não pôde visitá-la ou telefonar durante os oito meses em que O. esteve lá. O. foi capaz de usar a equipe do hospital como um recipiente para seus sentimentos, mas ela não tinha completado o desenvolvimento do objeto 56

constância. O. pode beneficiar do trabalho para eliminar as divisões verticais para poder usar a repressão como uma defesa mais avançada e eliminar os seus múltiplos auto-estados. Grotstein (1985) também enfatizou a importância de desenvolver a omnipotência como ponto de partida para o tratamento, caso esta esteja em falta. Ele acreditava que a omnipotência é o mecanismo pelo qual uma pessoa suspende ou adia o impacto, o significado, a consciência e a importância dos acontecimentos e é necessária para a restauração de um self fragmentado. O. teve dificuldades com a omnipotência e pode beneficiar do seu desenvolvimento antes de avançar mais no seu tratamento.

Para alargar e aplicar o tratamento de Searles (1961) para esquizofrénicos a O., o terapeuta de O. deve adotar uma abordagem calma, investigativa e neutra, e operar a partir de uma orientação honesta dos sentimentos. Na unidade, o pessoal compreendeu a necessidade de ser honesto com O. para a ajudar a testar a realidade. O terapeuta de O. deve evitar pressões, uma vez que O. já é atormentada por pressões, e manter uma posição relaxada mas recetiva para encorajar a discussão de sentimentos e acontecimentos.

O tratamento para O. baseado em Kohut (1977) pode ter como objetivo o estabelecimento de um self firmemente consolidado e funcionalmente reabilitado. O uso da técnica de Kohut envolveria o estabelecimento de um self firme, separando as estruturas psicológicas que eventualmente formarão o self daquelas que serão excluídas. Esta desvinculação de certas estruturas patológicas seria efectuada através do processo de working-through. Além disso, seria utilizado o método de reconstrução extrapolativa. Para isso, o terapeuta de O. combinaria reconstruções genéticas adicionais derivadas da reativação do self grandioso saudável e do objeto idealizado saudável (estruturas que não tinham sido integradas no self) e através de observações empáticas de transferências sequenciais que se estabelecem durante a análise. O primeiro passo para o fazer seria empatizar com O. durante o tempo que for necessário até ao segundo passo; demonstrar a O. os factores dinâmicos e genéticos específicos que explicam o conteúdo psicológico que ela tinha apreendido empaticamente. As resistências seriam mobilizadas quando o analista não conseguisse empatizar com O. A terapia terminaria quando O. desenvolvesse uma sensação de mesmice através do tempo. É possível que O. nunca consiga atingir plenamente este objetivo, mas vale a pena tentar.

Resumo

O. sofreu um trauma repetitivo crónico grave, que começou em tenra idade e continuou até à idade adulta, através de um culto satânico abusivo, resultando no desenvolvimento de uma estrutura defensiva complexa de múltiplos estados dissociativos. O melhor modelo para compreender O. a partir da literatura psicanalítica que este escritor leu é o "Soul Murder" de Leonard Shengold. Este modelo inclui lavagem cerebral e trauma severo com o resultante crescimento inibido do desenvolvimento do id, ego e superego, juntamente com a sua desintegração. A apresentação assemelha-se a uma psicose e é marcada pela fragmentação do ego, que é bombardeado por um id aterrorizante e um superego punitivo. Diferentes teorias foram usadas para explicar os múltiplos estados do self de O. e diferentes formas de tratamento foram mencionadas.

Este foi um caso fascinante e, com mais tempo e espaço, seria interessante analisar a transferência em maior profundidade, uma vez que a unidade de internamento psiquiátrico, com o seu pessoal multidisciplinar (na sua maioria estranho à maior parte dos seus estados dissociativos), que entra e sai a toda a hora, penetrando na sua vida, deve fazer lembrar o culto em que cresceu e em que participou.

O. foi re-hospitalizada na mesma unidade um ano e meio depois com a mesma apresentação e problemas. Ela tinha entrado e saído do culto. A única diferença parecia ser a sua vontade de obter e a facilidade com que recebia ajuda, o que, para ela, não era um feito pequeno. Sem o apoio de amigos e de uma comunidade, penso que seria muito difícil para O. estabilizar-se.

Recriar os pormenores da hospitalização de O. não foi difícil. Apesar de a ter tratado há muitos anos, os acontecimentos traumáticos da sua vida ficaram comigo. O que mudou foi a forma como compreendo a sua estrutura defensiva, a sua origem e como continuou a afetar a sua situação atual. Isto foi possível através do estudo e da aplicação de uma perspetiva psicanalítica a este caso clinicamente modelado. Através deste processo, consegui alargar a minha compreensão da perturbação dissociativa da identidade, do trauma e do envolvimento num culto, através da visão de vários teóricos psicanalíticos.

Referências

Associação Americana de Psiquiatria. (2013). *Manual de diagnóstico e estatística das perturbações mentais (DSM-5®)*. American Psychiatric Pub.

Associação Americana de Psiquiatria. (2000). *Revisão do texto do manual de diagnóstico e estatística (DSM-IV-TRim,)*. American Psychiatric Pub.

Grotstein, J. (1985). Divisão e identificação projectiva na terapia psicanalítica. *Divisão e identificação projectiva*. Nova Iorque: Jason Aronson.

Klein, M. (1952). As origens da transferência. *Revista Internacional de Psicanálise, 33,* 433.

Kohut, H. (1977). *The restoration of the self (A restauração do eu)*. New York: International Universities Press, Inc.

Krystal, H. (2015). *Integração e auto-cura: Afeto, trauma e alexitimia*. Routledge.

Searles, H. (1965). *Collected papers on schizophrenia and related subjects*. Nova Iorque: International Universities Press.

Shengold, L. (1989). *Soul murder*. Columbine: Fawcett.

Winnicott, W. W. (1985). *The maturational process and the facilitating environment (O processo maturacional e o ambiente facilitador)*. New York: International Universities Press, Inc.

Buy your books fast and straightforward online - at one of world's fastest growing online book stores! Environmentally sound due to Print-on-Demand technologies.

Buy your books online at
www.morebooks.shop

Compre os seus livros mais rápido e diretamente na internet, em uma das livrarias on-line com o maior crescimento no mundo! Produção que protege o meio ambiente através das tecnologias de impressão sob demanda.

Compre os seus livros on-line em
www.morebooks.shop

Printed by Books on Demand GmbH, Norderstedt / Germany